「ひきこもり」から家族を考える

動き出すことに意味がある

田中 俊英

岩波ブックレット No. 739

はじめに――「動くもの」としての家族

ひきこもりは単なる状態像だ。

このことをよく覚えていてほしい。

ひきこもりとは、突き詰めて言えば「家にひきこもっている」という状態像にしかすぎない。ひきこもりに関連するすべての考察は、この曖昧《あいまい》な状態像から出発している。

それは曖昧すぎる。曖昧すぎるがゆえに、多様なイメージを展開させる。また、専門家たちも、それぞれが、この曖昧さをなんとか確固としたものとして捉えようとし、だがその結果、多様な捉え方が逆説的に出現した。

残念だが、ひきこもりをタイトルに抱く本書も、その多様な議論の一部に含まれてしまう。

ここでは、「ひきこもりは状態像だ」ということを常に押さえておく。その状態像の説明はするが、ひきこもりという言葉から喚起される多様なイメージや議論にはあまり踏み込まない。あくまでも、「支援を受ける者（親・当事者）」や「支援をする者（医療・福祉・就労等各分野の支援者）」が手軽に使えるものを目指す。ひきこもり支援ポケットブックみたいなものだ。

そのなかで、「家族」が考察される。家族という、これまた曖昧で多様な議論が可能な言葉を、曖昧さのなかに埋没させるのではなく、原因論のなかで突出させるのでもなく、あくまで「サポートのスモールステップのなかの一ツール」のようなものとして位置づける。たとえば、家族がすべての原因であるとの考え方について、そうした考え方が生じる謎《なぞ》について、考察はする。しかしそれも、「サポートのスモールステップのなかの一ツール」として、いわば家族を「重くもなく軽くもないが、サポートのなかではそれなりの役割を持つもの」として親・当事者や専門家に捉えてほしいからだ。

僕たちは油断すると、家族をとても重いものとして捉えてしまう。事実、多くの人にとって、家族とは重要で大事なものだろう。しかし、ひきこもり支援のなかで家族のみを焦点化してしまうのは、支援の速度を遅らせてしまう。

ひきこもり支援という枠組みにおいて、家族とは、「考え込み、振り返る」ものではない。家族とは、持続的に「動く」ものなのだ。そしてひきこもりとは状態像にしかすぎない。だが、その「状態」のあり方を支援者とともに正確に把握し、自分たちなりのマップを作成し、その地図上を動き続ける――これがひきこもり支援のなかで家族について考えるということだと思う。

第1章は、そうしたマップづくりのために、ひきこもりという状態をより詳しく見ていく。その際、ひきこもり状態における三つのタイプと、四つの生活状態を示す。ここでの「見取り図」が本書の議論展開の基本となる。

第2章では「家族」に焦点を当てる。一人の子どもがひきこもってしまうと、親をはじめその他の家族も孤立化を深める。そして、母親や父親は、それぞれが抱える「原因」や「自立」といった概念に悩まされる。それらをときほぐし、概念との格闘を尊重したうえで、親が「動くこと」の重要性を説く。

第3章は、では具体的に親や本人はどう動けばいいか、ステップ別にわかりやすく提示する。

最後に、大阪での支援機関を簡単に紹介する。

本書は、主として関西において、保健所や就労支援機関等の公的機関で頻繁(二〇〇七年度は週一ペースだった)に講演してきた内容をまとめたものだ。筆者はそれほど広い抽《ひ》き出しを持っている訳ではなく、以下の内容をいつも繰り返し話している。本書で示した内容が、関西以外でも知られ、共鳴していただけた方が少しでも「動く」ことを期待している。

第1章　ひきこもりはこう捉えるとわかりやすい

わかりにくいひきこもり

ひきこもりはシンプルな状態像だ。けれども、そう簡単に割り切ってしまえない。なぜなら、ひきこもりについて理解しようとするとき、いくつもの視点が同時に絡んでくるからだ。大雑把に言うと、精神医学的な視点、「原因さがし」が有効かどうかという視点、「自立」という視点などである。これらのなかには、「家族」をはじめとしたいくつもの問題が潜んでいる。具体的にみてみよう。

精神医学的な視点のなかには、たとえば強迫性障がいの症状（不潔強迫等）や、うつ状態、家庭内暴力や被害妄想に近いものが含まれる。ひきこもり状態でありつつ、強迫性障がいやうつをもっている人はたくさんいる。家庭内暴力も珍しくはない。そうした諸現象の「重さ」のために、問題はひきこもりなのか、強迫性障がいなのか、家族にも本人にもだんだんわからなくなってくる。

原因さがしが有効かどうかという視点には、家族とか学校（教育制度）の問題が絡んでくる。どういうことかというと、何か問題が起こったとき、僕たちは通常、原因を特定しそれを取り除いて問題を解決するという、いわば「思考の癖《くせ》」みたいなものを持っている。だから、ひきこもりに関しても、何とか原因を洗い出そうとする。そのようにして見出されるのが、家族や学校という存在だ。しかし、ひきこもりに関しては、原因を特定しえたとしても、実は現状がすぐに変わるわけではない。原因の一つには家族や学校があるかもしれない。だが、そのような原因さがしがポジティブなかたちで現状変化につながることはあまりない。逆に、「親(あるいは学校)が悪いから自分はこのようなひきこもりになった」という心理が当事者に形成され、それに長期間こだわることでなかなかひきこもり状態が変化しないという悪循環を生むことが多いようだ。原因は特定できた(ように思える)のに問題が解決しないという、ひきこもり独特のわかりにくさが、ここにはある。

「自立」の視点には、当事者の就労の問題や親の老後の問題が絡んでくる。長期間ひきこもっていると、当然、経済的自立が著しく遅れる。親は、「いつになったらこの子は働いて自分で稼ぐようになるのだろう」と子の将来を危ぶむ。同時に親自身の老後も心配しなければいけない。ひきこもりという状態は、「働いてお金を稼ぐことができるのか」「親はいつまで子を経済的に支援するのか」という、カネや労働といったシビアな問題を浮かび上がらせる。

このように、単なる状態像としてのひきこもりではあるが、精神医学、家族問題、教育制度、就労問題などが同時にくっついている。それらは、世間一般的にいって相当重いイメージをもつ。重い上に同時に複数くっついてくるので相当ややこしい。だから、ひきこもりとは単なる状態像であると割り切れないのだ。

「社会的ひきこもり」という新しい概念

その重さや、ややこしさを解くために、精神医学の立場から、斎藤環という精神科医が『社会的引きこもり』（ＰＨＰ新書、一九九八年）のなかで、以下のようにひきこもりをシンプルに定義した。

「二〇代後半までに問題化し、六カ月以上、自宅にひきこもって社会参加しない状態が持続しており、ほかの精神障害がその第一の原因とは考えにくいもの」

氏の定義は、ひきこもり期間を「六カ月以上」と限定したことで、ひきこもりを判定する際の基準を提供した。

だがそれよりも重要なのは、精神障がい（統合失調症等）がひきこもりの第一原因ではないと断言し、先述の強迫性障がい的症状等の重くしんどい症状を「長期ひきこもりの結果二次的に現れるもの」として位置づけたことだ。症状は現れるが（言い換えるとその時点で精神医学的に診断名は下される可能性はあるが）、それは決してひきこもりの原因ではない。――ここに斎藤氏の定義の妙味がある。

斎藤氏は、この定義が当てはまる状態を「社会的ひきこもり」と名付けた。斎藤氏の作業は、ひきこもりの定義化というよりは、むしろ「社会的ひきこもりという新しい概念の定義化」といったほうが正確だ。ひきこもりに「社会的」という言葉を付け加えた新たな概念を創出したことで、ひきこもりがもつややこしさはいったん整理された。この作業はとてもクリアでわかりやすく、筆者自身も支援の仕事をしていくうえで大いに助けられた。

しかし、いつのまにか「社会的ひきこもり」の定義は、「ひきこもり」の定義へと拡大解釈されていったのではないか。通常、「社会的ひきこもり」と「ひきこもり」は、それほど区別して語られない。その結果、「社会的ひきこもり」という限定された概念が、「ひきこもり」全般に拡大・侵入していった。

つまり、ひきこもりのなかには第一原因に精神障がいをもつ人も含まれる。また、発達障がいの人も含まれる。「社会的ひきこもり」概念のクリアさと拡大解釈により、これら障がいを抱える人々も、ひきこもりとして一括《ひとくく》りにされてしまった。

言葉とはこのように、概念の創設者の意図をずらして人々の間に流通・固定していくと考えるので、誰が悪いとも思わない。言葉の定義化とはそういうものだからだ。一つ言えるのは、クリアだったはずの「社会的ひきこもり」の定義化が、ある種の人たちを隠蔽《いんぺい》してしまったのではないか、ということだ。と同時に、そのことがまた、ひきこもりをややこしくさせている。

不登校とひきこもりの関係

ところで、ひきこもりは不登校と同時に語られることも多い。事実、ひきこもり当事者のなかには不登校体験者が多数含まれるという実感はある。実は筆者は、不登校の子どもたち（主として中学生）への訪問活動をすることから青少年支援の世界へ入ったのだが、当時（一九九〇年代前半）はひきこもりという言葉はあまり流通しておらず、むしろ「閉じこもり」という言葉のほうが一般的だった。

やがて、民間の支援者の間で、「二〇歳を超えても家に閉じこもっている人が増加しているようだ」といった〝噂《うわさ》〟を耳にするようになり、そうした人たちがひきこもりとして括られていった。その〝噂〟のなかには、「昼夜逆転」「家庭内暴力」「自傷行為」などが含まれていた。今ではひきこもり支援において当たり前のように耳にする言葉たちではあるものの、当時は、事態がより深刻になっていると感じさせるものだった。

青少年支援に関して行政の動きは鈍く、この一五年間、主として民間主導で行なわれてきた。だから、そのような二〇代のひきこもりの人たちも民間の不登校支援機関（徐々に学齢期以外の青年も入ってきた）がサポートしていった。筆者もひきこもりの青年たちと会う機会が増えていった。そうした経緯があるので、これら二〇代のひきこもりの人たちについて、おそらく支援者は、「不登校からの続き」として捉えていただろう。

だが、二〇〇〇年代も折り返した現在、不登校→ひきこもりという図式は、たしかに一つの正解ではあるが、そればかりでもないようだ。『ひきこもりの社会学』（世界思想社、二〇〇七年）で、井出草平氏は不登校とひきこもりの関係について以下のように書く。

「不登校のうち二割程度は「ひきこもり」に移行する。残りの八割程度の不登校は「ひきこもり」にはならない。そして、この不登校の二割の移行グループが「ひきこもり」の中での六〜八割程度に相当する」

この記述は、筆者の実感とも一致している。

だがこの記述は、二〜四割は不登校体験をしていない、つまり高校や大学まで通ったものの、その後ひきこもりとなった人たちがいることも示している。

確かに、不登校体験がないにもかかわらず、就職活動や職場で挫折を積み重ね、ひきこもりになった当事者たち（あるいはそうした子どもを持つ親）との出会いが特にこの三〜四年は多くなった。また、学校（高校・大学・専門学校等）卒業後フリーターをしばらく続けたものの、徐々に家での生活が長くなっているという当事者たちもいる。

このように、ひきこもりには精神医学や不登校や就労といった、重くてややこしい問題が渾然《こんぜん》一体となってくっついている。斎藤氏の定義は残念なことにひきこもり全般に拡大解釈され、その結果、ひきこもり問題自体が曖昧になっている。また、不登校➡ひきこもりという図式に当てはまらない人も少なからずいる。このことは、ひきこもりを経済や雇用の問題とも結びつける。また、たとえば「発達障がい」の問題とも実は絡んでいる。ある意味で、ひきこもりをめぐる現在は混沌《こんとん》状況だといってもいい。

そこで、支援を受ける際に、あるいは支援をする際に役立つであろう交通整理のようなものをしてみたい。

ひきこもりの三つのタイプ

ひきこもりには三つのタイプがあることを、まず押さえておく。

そのタイプ分けをしたうえで、青年の状態をいくつかの段階に分ける。タイプと状態を「立体的に」組み合わせていくことで、当事者がどのような支援を受ければよいか明確にしていくことがここでの目標だ。言い換えると、支援のミスマッチを防ぐため（その当事者の現在の状況にとってあまり役立たない支援機関に行かないため）の基本作業だ。なお、具体的支援の展開は第3章で行なう。

（1）精神障がい

ひきこもりの、一つめのタイプは「精神障がい」だ。

先述したように斎藤氏は精神障がいがひきこもりの第一の原因にあるものを「社会的ひきこもり」に入れていない。繰り返すがこれは社会的ひきこもりの定義だからであって、ひきこもりという状態を示す人のなかには、精神障がいが一次的にあり、二次的にひきこもる人もいる。統合失調症をもつ人であれば、幻覚・被害妄想等から外出ができないときもある。うつ病であれば、気分の落ち込みのために外出するエネルギーがなくなり、一日中家でひきこもり休息する。

このタイプは、障がいからくる症状の結果としてひきこもる。ここに、重篤な強迫性障がいや不安性障がいも含めてもいいかもしれない。いわゆる潔癖性やパニック発作が一時的にあり、汚れや、動悸《どうき》・発汗・嘔吐《おうと》感などへの恐怖から外出できない人たちだ。だが、統合失調症やうつ病とは異なり、これらの強迫性障がい等については、現実はコロンブスの卵のようなもので、ひきこもりが先か障がいが先か、長期化の過程でわからなくなることも多い。

このことは、以下に述べる発達障がいや性格の傾向とも絡んでくるのだが、タイプを三つに分けるものの、現実にはグレーゾーンにいる当事者も少なからずいるだろう。それは、大げさにいえば分類分けという作業をする際に避けられないものだ。

精神障がいというタイプに分けて支援を受けたほうがベターな場合、つまり極度に強い症状が現れている場合、このタイプと考えて治療を優先する。他の二つのタイプについても同様で、もっとも有利な支援方法を選択・序列化するための作業が、このタイプ分けである。

(2)発達障がい

二つめのタイプに「発達障がい」がある。最近何かと話題のアスペルガー症候群などもここに含まれるが、詳しくは専門書や解説書を参考にしてほしい。現在ブームになっているといってもいいほど、このテーマの本は書店に並べられている。

精神障がいと同じで、まず発達障がいが一次的なものとしてあり、その結果としてひきこもりという二次状態になる、というのがこのタイプだ。これはまさに個別的あるいは単独的と表現するほうがしっくりくるほど、多種多様なかたちで現れる。現在いわれる発達障がいとは、ＡＤＨＤ・ＬＤ・広汎性発達障がい（アスペルガー症候群・高機能自閉症・自閉症）・軽度知的障がいなど幅広い（軽度知的障がいは厳密には知的障がいに属するが、支援の現場では、発達障がいに含めたほうが当事者を理解しやすいと筆者は考える。あるいは中重度の知的障がいも含めて広義の発達障がいとする考えもある）。そして、そのさまざまな特徴の一部分が、一人の上に重ね合わされた場合も珍しくない。

わざわざ二つめのタイプとして類別したのは、単独的で一人ひとり違うとはいえ、明らかに

「生きづらさ」を抱えているからだ。そして、このタイプは、このタイプに類別されて支援を受けるほうが、生きづらさが軽減されることがわかってきたからだ。

ここでは、若者支援を行なう際に必須の知識である、広汎性発達障がいと軽度知的障がいについて簡潔に記す。

広汎性発達障がいは非常に幅広い概念で、高機能自閉症(知的能力はあるが会話を中心としたコミュニケーションに困難さを抱える)やアスペルガー症候群(知的能力はあり会話もできる)なども含まれる。ただし、独特の「困難さ」は共通して抱えている。それらは主として、「社会性」「コミュニケーション」「想像性」の三つがあるといわれるが、これらは三系統が独立しているわけではなく、複雑に絡み合っている。

「社会性」の困難さとは、流行言葉で表現するといわゆる「場の空気がよめない」ということなのだが、暗黙のルールや社交辞令がわからずにグループから浮いていく。たとえば、友人がほしいあまり自分の趣味の話を延々とし、結果的に人々から避けられてしまう。けっして本人は嫌がらせをするつもりではない。逆に友達がほしいのだ。その熱心さが裏目に出てしまう。また、通常は言葉にしない容姿のことなどを指摘する。たとえば太った人に対して、太ったという事実は事実なのだから、言葉で指摘する。すると、同じくグループから浮いてしまう。本人は親切心で言ったのかもしれないが、これもまた裏目になる。こうした体験を幼少時から積み重ね、その結果、激しいいじめにあってきた人もいる。

「コミュニケーション」の困難さとは、言葉がもつ多様な文脈から生じるさまざま意味——肯定・否定・皮肉ほか、数え上げられないほどの意味を言葉の文脈は生み出し、僕たちは一瞬ごとの判断で「それはこういう意味に近いだろう」と理解し、返答している――が理解できない。代わりに、言葉を一つの意味だけに、あるいは字義的に捉える。たとえば「名前を書いてくださ い」と言われると、その通りに「名前」と書いてしまう。この場合、問いのなかの「名前」には「あなたの名前」という意味が暗黙のうちに侵入しているということが理解できない。字義的に、自分の名前ではなく、「名前」と書くことが、当事者にとって誠実な対応なのだ。このような字義的コミュニケーションは、人によってグラデーションがあるものの、困難さの一つだ。ほかに、声による理解が困難であり、文字や絵を通した理解のほうが得意、といった特徴もある。

「想像性」の困難さは、こだわり、アドリブがきかない、同じことの反復といった三徴候で説明される。筆者はむしろ、「他人の気持ちを想像することが難しい」という傾向をここに加えたほうが、当事者の苦しさがよりわかると思う。自分が体験したことを他者に投影して想像することができない。これは、生きるうえで相当の困難さを伴うだろう。自分が怖かったり悲しかったりすることは、自分でそのとき体験したものは、実感できる。けれども、他人が同じような状況に陥ったとき、その他人がどのような恐怖・悲しみ等を体験しているのか想像することが難しい。これは言い換えると、他者への共感が難しいということであり、結果として友達ができにくい。その半面、友達はほしいという欲求は強くある。

このような困難さから社会にとけ込めないまま、二〇代・三〇代になってしまう人々がいる。もう一つ、軽度知的障がいは、知能検査の結果が判定基準の前後のラインあたりにいる人で、周囲からするとかなりわかりにくい場合もある。また、成績はよくないものの、高校まで不登校もせず、なかには親の助けを借りて大学に行く場合もある（九〜一〇ページで書いた、不登校体験のないひきこもりにはこのタイプが含まれていると筆者は推測している）。そのあと就職し、現実に仕事を始めてみると、ミスを繰り返したり、グループから浮いてしまったり、上司からの叱責に耐えられず退職をする。本人としては、きちんと仕事をしたい、あるいは職場から浮きたくないため、ある意味での「処世術」として、よくわからないまま返事・会話を続けている。本人としては誠実に接したいと考えている。けれども、上司や同僚からは、生返事をする者、ミスを繰り返す者として扱われる。

広汎性発達障がいのところでも書いたが、本人も上司もどちらも悪気はないのだ。本人の傾向を知らないことからくるある種の〝悲劇〟だ。この〝悲劇〟を、小学生の頃から体験している人もいて、想像を絶するいじめを受け続けてきた。

このタイプも、このタイプにあえて類別したほうが支援を受ける際に有利（つまり、療育あるいは精神障害者保健福祉手帳を取得後、就労訓練等の福祉サービスを受けることになる）と判断した場合、こちらに入ってもらう。また、このタイプの傾向をもつものの、あえて福祉の枠内に入らず、一般就労枠で自立を目指す人もいる。このあたりの難しさは、第3章で書く。

（3）性格の傾向

三つめは「性格の傾向」と呼ばれるタイプだ。斎藤氏による「社会的ひきこもり」は、主としてこのタイプを指す。このタイプは、性格としてある種の〝ナイーブさ〟を持っている。それは、無口であったり、内向的であったり、人に対してやさしかったり、目の前の問題を回避しがちだったり、自意識が強かったりといった、さまざまな要素が組み合わされてできている性格だ。

そのような性格を持ちながら、たとえば、担任や親による叱責や、学校の厳格なルール、勉強や運動の競争、誰かがいじめられるシーンを目撃するなど、いくつかの体験が積み重なっていき、徐々に不登校になっていく。それが長期化し、ひきこもりへと移行し、友人もいなくなる。

また、就職氷河期に就職活動で挫折して疲れきったり、就職はできたけれども過酷な職場に耐えきれずに退職し、徐々にひきこもるという人たちもいる。

ひきこもった結果、二次症状として、不潔強迫・抑うつ症状・パニック発作などが現れる。また、生活は昼夜逆転し、家庭内暴力を起こす。ちなみに、これらの症状や生活の変化は、発達障がいのタイプにも多く現れる。だから両者を混同してしまうのだが、支援の考え方が両者ではかなり異なってくるため、タイプ分けしたほうが当事者・親も支援者もわかりやすい。

また、この「性格の傾向」に、パーソナリティ障がいを含む考え方もある（近藤直司ほか「ひきこもりの個人精神病理と治療的観点についての研究」）。精神医学的視点からすれば、そうした診断がつくことは避けられない当事者もいるだろう。これについても、そうした診断名を受け入れたほうが本人にとって有利であれば受け入れるというのが筆者の考え方だ。逆に、診断せずに性格の傾向にしておくほうが本人の長い人生のなかでメリットがあるのであれば、診断は受け流してもいいと考える。

青少年の状態に関する見取り図

本人の状態	純粋ひきこもり	〈ひきこもり〉	(狭義の)ニート	フリーター(非正規雇用)
家族との関係	—	○	○	○
外出可否	—	○(1人)	○(誰かと)	○
支援者・知人との出会い	—	—	○	○
就　労	—	—	—	○

1　フリーターの代わりに「福祉サービスの中の就労」が入る場合もある.
2　10代あるいは20代前半の場合，就労ではなく就学となる場合もある.
(資料)樋口明彦氏(法政大学准教授)による「大阪における若年者自立支援の見取り図」をもとに筆者が作成.

青少年の状態をめぐる見取り図

以上の三つのタイプを押さえたうえで、次に、青年たちの「状態」を四つ(あるいは五つ)の段階別にみていく。注意していただきたいのは、これは精神医学的な区別ではないということだ。たとえば、正規雇用の人でもうつ病を持つ人もいるし、深刻なひきこもり状態にある人でも精神医学的症状が出ていない人もいるだろう。

この図は、青年の支援をしていくとき、まずその青年がどの位置にいるかを把握するためのマップだ。マップ作成のために、生活の「状態」をいくつかの指標でさらに区別していく。それにより、本人の位置づけをはっきりさせ、前項の三つのタイプ分けと立体的に組み合わせたうえで、支援の方針が固まっていく。

なお、この見取り図は、若年者就労支援という視点から作成されており、もう一つ、障がい者枠で福祉サービスを受け、自立を模索していくという考え方もある。この場合、四段階めの「フリーター」の部分が異なってくるのだが、これについては後述する。

図では、生活の状態を区別する指標として、「家族との関係があるか（雑談程度はできるか）」「外出ができるか」「支援者（機関）や知人と出会っているか」「就労ができているか」の四つをあげている。この四つは、筆者がひきこもり支援の仕事をしてきたなかで、経験的に重要だと考えた指標だ。つまりは個人的経験則から生み出したものであって、何か統計的根拠のようなものが背景にあるわけではない。

（1）純粋ひきこもり

いちばん深刻な状態としては、図で示されているように、いわゆる「純粋ひきこもり」がある。これは、工藤定次氏による命名で（『おーい、ひきこもり　そろそろ外へ出てみようぜ』スタジオ・ポット、二〇〇一年）、筆者自身は、厳密に考えると純粋にひきこもることなどできないので（物理的に仕方なく家族と顔を合わせてしまうことはもちろん、メディアを通した「他者」とは部屋のなかでも常に出会っているわけだから）、それほどこの言葉を多用しないようにしている。けれども、工藤氏による名付けは、まさにこの状態をダイレクトに表現しているし、何よりもわかりやすい。そのため、この図でも使うことにした。

具体的には、昼夜逆転した生活を送り（また、眠くなったら寝て目が覚めたら起床するという、いわば「身体任せ」の状態の方もいる）、親ともまったく会話せず、食事は一人でとり、主に部屋のなかでテレビを見たりゲームをしたり、というライフスタイルだ。ちなみにパソコンについては、一〜二割程度の当事者たちしか使わないという調査もあるようで、どれくらいの割合でパソコンを使っているのかははっきりしない。筆者の経験では、ディープにパソコンを使いこなしている当事者はかなり少ないように思っている。

この状態にある人が、先述した強迫性障がい的症状が現れたり、「近所が自分の悪口を言う」といった被害念慮を抱く場合もある。

純粋ひきこもりの状態は図の四つの指標すべてでチェックがないことから分かるように、半年や一年外出しない人は、それほど珍しくはない。

(2)〈ひきこもり〉

次に、〈ひきこもり〉の状態がある。なぜ、ひきこもりを純粋ひきこもりと〈ひきこもり〉とに区別しているかというと、ひきこもり支援はスモールステップの積み重ねであり、そのためにひきこもりを二つの状態に分けたほうがわかりやすいからだ。純粋ひきこもりと、この二番めの〈ひきこもり〉とでは、サポートしていく(受けていく)過程で、焦点化される部分が少し異なってくる。

この状態は、家族とは会話があるし(雑談中心)、一人で外出はできるのだが、友人はなく支援機関ともつながっておらず、当然就労・就学もできていない方をさす。ある全国的な親の会が協力して行なった調査では、この状態の〈ひきこもり〉が広い意味でのひきこもりの九割以上を占めるという(KHJ親の会『「ひきこもり」の実態に関する調査報告書2』二〇〇五年)。言葉のインパクトから純粋ひきこもりの割合がもっと多いように受け取ってしまうのだが、事実は、家族とも会話ができ自転車で書店や図書館には行けるものの、友だちはおらずアルバイトもしていない（できないといったほうが正確だろう）という方が圧倒的に多い。このことは、純粋ひきこもりから〈ひきこもり〉への移行は時間はかかるかもしれないけれども比較的可能だが、ひきこもり状態を脱すること自体は困難さを伴うということを示しているのかもしれない。

（3）狭義のニート

次に、「狭義のニート」がある。狭義の、がついているため、少し説明が必要だろう。

ニートとは、"Not in Employment, Education, or Training"の略で、イギリス発祥の概念だ。日本におけるニートの定義は、「仕事をしていない（求職行動もしていない）、学校に行っていない、職業訓練を受けていない、一五〜三四歳で未婚の人たち」となっている。求職行動（ハローワークに通う等）をしていて仕事が見つかっていない人は、日本では失業者とされる（イギリスの定義は年齢が一〇代に限定されており失業者も含んでいる）。ニートは、厚生労働省の二〇〇六年調査で六二万人程度いるとされるが、ここには三五歳以上の人はカウントされないという統計のマジックがあるから、実態はもう少し多いだろう。

ニートという概念は、青年のサポートをするうえで、わかりにくさと便利さをもつ。

便利さの理由を先に述べると、それまで心理学的・精神医学的支援が中心だった青少年支援に「就労」が導入されたことがある。ニートという言葉は二〇〇三年頃から爆発的に広がっていったのだが、それまでの青年支援はカウンセリングや友だちづくりといった、当事者の内面やコミュニケーションに焦点を当てたサポートが中心だった。そこにニートが出現し、就労という視点、つまり経済的自立という明確な目標が掲げられた。それまではどこか遠慮がちに語られていた「働く」ということが、堂々とした目標になってきた。また、働くことが難しい青年にとっても、なぜ難しいのかについて曖昧にせず、就労の困難さを明確化し、そのうえで別のサポートを考えていくといったような視点を持つことができた。こうした意味では、ニートという概念は青年支援に大きな影響を与えた。

ニートのわかりにくさは、「あれでもないこれでもない」といった、否定語のみが並び積極的に「○○である」という意味をもたなかったため、支援を必要としない人たちをも含んでしまうことだ。たとえば、「大学院を修了し秋からアメリカに留学予定なのだが現在は家で論文を書いている」といったような若者も、やむを得ず家族の介護や家事をしている若者もここに含まれてしまう。

当然、ひきこもりの一部も含まれるわけだが、これが六二万人のなかに何割いるかは、問題がひきこもりなだけに数としてはわからない。ひきこもりの一部と書いたのは、たとえば、大学に籍を置いたままひきこもっている人は、ひきこもりではあるがニートではないからだ。

このように、ニートという言葉はひきこもりと同様、曖昧すぎて、若年者就労問題の統計資料を作成するうえではよいのだろうが、支援の現場ではなかなかやっかいな概念だ。ただし、ニートが含意する「就労」という要素は支援現場ではそれなりの意味を持つ。

よって、支援の現場で「より使える」概念として「狭義のニート」という段階を設定した。これは、家族と会話があり支援機関や知人につながっているため外出も誰かとできるのだが、就労できていない状態を指す。この段階をあえて設定することで、自分がどこにいるかを把握することができる。言い換えると、支援のスモールステップに、この狭義のニートという階段を新たに設置することで、当事者がどの段階に位置しているかを認識し、そこからどのように確実に階段をのぼっていくかを探っていけるということだ。

この状態を設置せず、ひきこもり状態からいきなりアルバイトというのは、現実的には難しいし、継続できないことが多い。そればかりか、新たな挫折経験になることもある。とりあえず狭義のニート状態になり次を模索するという段階を踏んだほうが、よりリスクは低い。

(4)フリーター

四段階めとしてフリーターがある。非正規雇用と言い換えたほうが正確かもしれない。これは、社会保険(年金・健康・雇用・労災)が完備されていない状態を指す。特に、長期アルバイトでありながら、雇用している事業所が年金と健康保険をかけない問題は、このところ報道でもよく取り上げられている。

注意してほしいのは、これはひきこもり支援におけるひとつのゴールであって、このあと続くであろうワーキングプア(定期的に働いても最低生活費の基準を下回る収入しかない)などの問題をあえて看過している。現在、全労働者数中、非正規雇用が三割を超えている(総務省労働力調査二〇〇八年一～三月平均によると、雇用者に占める非正規雇用の割合は三四％）。今のグローバル経済が続く限り、非正規雇用の割合はけっして減ることはないだろう。なぜなら、雇用調整可能な非正規雇用の存在は、厳しいグローバル経済を生き抜く企業にとって必要な存在だからだ。経済の動向に合わせて人件費が「調整」できる三割もの層を、企業が手放すとは思えない。

その反動からか、労働組合側もやっと重い腰を上げ、非正規雇用への社会保険の適用の拡大を求め始めた。このように、ワーキングプアの問題は、青年への個人的自立の問題というよりは、国の政策や労働組合の問題として考えるほうがわかりやすい。換言すると、制度・政策の問題だ。

ちなみに、景気の上昇とともに企業の新卒採用も増えている。しかし、これは「新卒」対象であって、いわゆる「既卒」や「中退」が対象ではない。本書で支援の対象者の状態としてとりあげている、純粋ひきこもりや〈ひきこもり〉、狭義のニートの多くは、これら「既卒」者や「中退」者だろう。これらは、見事に就職氷河期と重なり、ロストジェネレーションとも呼ばれる層でもある。

だから、フリーター（ワーキングプア）は、ひきこもり支援においてはひとつのゴールではあるが、その当事者の長い人生からすればスタートでもある。このスタート以降については、広範囲な制度・政策の問題をどうしてもとり上げなければいけないため、残念ながら本書では割愛する。

フリーターはゴールでもありスタートでもあるということは、そういう意味だ。

(5)福祉サービスのなかでの就労

もう一つ、図には示さなかったが、フリーターの代わりに、療育手帳や精神障害者保健福祉手帳を取得し、福祉サービスの枠内で自立を目指すという生き方もある。特に、三つのタイプでいうと、精神障がいの方の多くや発達障がいの方が対象となる。精神障がいについては、統合失調症など明らかに福祉・医療が中心となったサポートを選んだほうがその後のライフプランが描ける方がいる一方、治療に専念した結果、一般枠の就労を目指せる方(たとえば極端な強迫性障がい)もいると思われるので、一概にすべてを福祉・医療サービスへつなぐ、ということも言えない。

これは発達障がいにも言えることで、手帳を取得せずとも、一般枠で苦労しながらも働ける人もいる。もちろん、手帳を取得し、就労訓練を受け、障がい者枠で就職したほうが、その人のライフプランが描きやすいという方もいる。性格の傾向のタイプにもこれは言え、あえて精神障がいとして手帳を取得し年金を受け取るという生き方もある。

このように、フリーターではない、福祉サービスというゴールもあるが(当然これも、ゴールでありスタートでもある)、まさにケースバイケースなのでシンプルに図に組み込むことが難しい。先の見取り図は、これまで若年者の就労支援について言われてきた議論をベースにしたものである。本書では、ここに、ひきこもりの三つのタイプを組み込み、福祉サービスまで射程を広げている。

第2章　家族がひきこもってしまう

子どもがひきこもり状態になったとき、多くの場合、家族までもが「ひきこもって」しまう。もちろんひきこもり当事者とは状態が異なり、家族はそれぞれの社会生活を過ごしてはいるのだが、自分の子どもが(あるいはきょうだいが)ひきこもっているという事実を秘密にするため、その家族にとっていちばん苦しい問題(家族がひきこもり当事者を抱えている)を普通に語ることができず、その家族は社会から隔絶されたように感じる。

最初から秘密にしているわけではない。本人からみて祖父・祖母・親せきなどに家族は相談する。けれども残念ながらそうした親族から返ってくる言葉はいわゆる「正論」なのだ。いわく、親の育て方が間違っている、甘やかしている等々。それが事実かどうかは重要ではなく、こうした正論を指摘されることは、家族の孤立感をいっそう深める。家族は、そこに価値判断を交えず、ただ問題を聞いてほしい・共有してほしいのだ。子どもも含めた自分たち家族の苦しみを、原因探しや価値判断は少し留保して、何も言わずに知ってほしいのだ。

家族は徐々に自分たちの中にひきこもる。やがて、母は母の世界に、父は父の世界に、きょうだいはきょうだいの世界にひきこもる。繰り返すが彼らは仕事や学校などの社会生活は送っている。各々の生活を送りながら、いちばん気にしていることを仕方なく隠蔽《いんぺい》していく。そして、以下に述べるような苦悩を抱くことになる。しかし、本書のテーマである「親が動くこと」で（加えて、きょうだいは自分の自立を模索することで）、家族は再び開かれていく。

母子密着という完全否定語

多くの母親たちは「母子密着」という言葉を嫌う。嫌うというよりは、まわりが想像する以上にその言葉を重く受け止め、落ち込む。「母子密着」という言葉は、母親たちにとって、自分を否定される意味が混入されているらしい。換言すると、母を完全に否定する、完全否定語として「母子密着」は母親に届く。

なぜ母子密着は母にとって完全否定語となるのか。

それは一言でいうと、子どもに何か問題が起こったとき、原因を「母」に還元してしまう社会的風潮や同意があるからだ。たとえばひきこもり支援の場合、支援の中核となる理論に、臨床心理学や精神医学があり、通常それらは、否定的な状況の原因を個人や家族に向ける。否定的な状況の根源には母や家族があり、それを一言で説明する際、「母子密着」はたいへん便利な言葉なのだ。母と子どもが必要以上に結びついてきた、そこにひきこもりに至った原因があるというわけだ。つまりは、母の子への向かい方そのものが、現在の否定的状況（ひきこもり）の原因であるという思考、こうした思考を手短に説明する言葉の一つが母子密着である。だから母親たちは、母子密着という言葉から、ひきこもりの原因＝自分（母自身）という言葉を連想してしまい、深く落ち込み、その言葉は自分を完全に否定する言葉として響いてしまう。

ここにはいくつかの謎がある。まずは、密着はそもそも悪いのか。次に、なぜ社会は原因を母に向けるのか。そして母は、なぜその母親原因説をストレートに受け止めてしまうのか。

まずは、「密着」について考えてみよう。母子が密着している親子は、別に珍しくも何ともない。そのことを題材に作品化している芸術家や文学者など山ほどいる。芸術家でなくとも、たとえば八〇歳母親・五五歳男性会社員という組み合わせにおいて、それなりに密着(つまりはお互いを過剰に意識し合うような行為や発言)している親子なども時々見かける。

そもそも、親子というものは、両者が死んでいなくなるまで永久に親子であり続ける。どちらかが死んでも、どちらかが生きている限り、親と子は互いに(それが記憶のなかであっても)親子であり続ける。たとえ初めから親が不在であっても、途中で関係が途絶えたとしても、それは「不在としての親」として、子は親を抽象的にではあるが想定している。これは善悪の問題でも幸福・不幸の問題でもなく、大げさにいうと人間存在の仕組みのようなものとして、初めから人間に組み込まれているものだ。それはたとえば、人間とその身体を切り離して捉えられないように、人間を考えるとき親子という問題はすでに組み込まれている。

もっと有り体《てい》に言うと、何もないところから人は生まれないということだ。たとえコンピューターのDNA操作により人が生まれたとしても、人はその操作から生まれる。生まれるという行為を通して生命体となる。そしてそれが一つの生命であるということ、その言明のなかに、「親子」ないし「親が子を産む、子は親から生まれる」という意味がすでに組み込まれている。

これは単に、人間(あるいは、異なる遺伝子同士の複合により進化する生命体すべて)というものの説明の一つであって、親子について誇張して語っているわけではない（誇張し、焦点化しているのが心理学——正確には心理学の一部——ということになるのだろう）。根源的にはそういうものだというだけである。

密着に戻ると、それそのものは単なる関係性の説明であり、たまたま現在の状況にそれほど問題がない場合は、通常、ほほえましさや苦笑とともに、その関係性は語られる。それが現在の状況が否定的な場合、その密着ぶりは否定的状況の原因として語られはじめる。「今」が否定的状況に陥ったとき、密着はほほえましさではなくダメなものとされ、密着を形成してきた「母」がその第一原因とされる。第1章でも書いたが、こうした「思考の癖」のようなものが現代社会にはある。

「母＝原因」という思考の癖

その癖が形成された社会的背景はいくつも考えられる。まずは、いわゆる「心理学化」された社会（斎藤環『心理学化する社会』ＰＨＰ研究所、二〇〇三年）。心理学化とは文字どおり、すべてを「こころ」の問題としてとらえるという意味だ。社会が心理学化してしまうと、「今」の否定的状況の原因を、個人の内面や家族に向けるようになってしまう。

また、社会学的な視点で考えると、高度経済成長以降に見られる専業主婦の誕生と家事の負担軽減により、母の役割が限りなく縮小され、子育てが中心となってしまったこともあげられる。核家族化と少子化がそこに重なり、家族において子の存在がどんどん大きくなっている点もある。

現在、働く母は多いが、家族という閉ざされたサークルのなかでは、母は相変わらず「子育てを担う」存在である。

ここにある種の不思議さを感じる。働くということは「社会」とつながるということである。けれども、いったん家に戻ると、その働いている人は、従来の規範的役割を与えられた「母」になってしまう。「母」に戻ることで、社会という外の風がなかなか入ってこない。社会人としてのその人と、「母」としてのその人の間に分断化が起こる。分断化のあと、問題の原因を「母」は担わされる。

さて、その「母＝原因」の源流はどこにあるのだろうか。それは、精神分析つまりフロイトの議論に行き着くのではないか。本書は理論書ではないので、やや単純化して説明すると、フロイトやフロイト主義者たちは、乳児の最初の対象を母親の乳房だとした（S・フロイト「性理論三編」『エロス論集』中山元訳、ちくま学芸文庫）。乳児は自分の身体を身体という全体性として捉えておらず、口や目や耳がそれぞれその機能を果たしている。欲動（生命のエネルギーのようなもの）に突き動かされるまま、乳児は口を乳房に当てる。すると温かいものが口を通過し、胃のなかに入る。ここに快感が生じ、再び乳児は乳房を求める。やがて、そこに乳房がなくとも乳房をイメージするようになるという。このイメージ化をフロイトは人間の根源的「欲望（欲動とは違う）」の発生とし、その象徴的行為を「おしゃぶり」とする。

やがて年齢を重ね、乳児は幼児となり、そこに「父」が登場する。父に母を奪われないために幼児（ここでは男児を想定）は父に妥協し社会化していく、というのがいわゆるエディプス・コンプレックスだ。

「母＝原因」の源流には、このエディプス・コンプレックスが通俗的に解釈されて広がったことがあるだけでなく、乳児時の、最初の欲動の対象としての乳房＝母という理解が大きな影響を及ぼしている。母の乳房を乳児の口が吸うという行為そのものに原初的な生命力をみること、またそこから生じる欲望の考察などから、人間の決定的原点にフロイトは「母」を置いている。そして「母」は乳児にとって初めての対象、つまり他者である。フロイトはもう少し複雑な議論をしているものの、エディプス・コンプレックスと同様、最初の他者である母という概念が通俗的に広がり、それは、心理学化された社会でより強調されている。

原因を探すという行為は、心理学だけの営みではない。科学全般に言えるし、通常の僕たちの思考に深くしみ込んでいる。繰り返しになるが、原因を見つけ、解決する方法を考えるという「癖」は、現代の僕たちの習慣なのだ。ひきこもりの場合、この思考の癖・習慣に見事に「母」が当てはまった。その癖は、母自身も現代を生きる以上、当然内面化している。

母親の本音と倫理

母＝最初の他者＝子どもに大きな影響を与える存在＝子どもの問題の原因、という思考の癖をもとにする一連のイメージ連鎖は、社会に広がっているし、母親自身にも内面化されている。内面化されているということは、母親自身が、自分で自分を原因化しているということだ。

加えて、ここに「愛情」の問題も関わってくる。子がひきこもりになったのは母の愛情不足という、これまたきわめて心理学的で通俗的な議論なのだが、母親たちはこれに弱い。「愛情不足により子どもがひきこもりになった」と指摘されることは、母親たちを大きく傷つける。そしていつまでも後悔を持ち続ける。だからよくあることなのだが、「ひきこもりについて原因をあれこれ考えても仕方がない」と支援者からアドバイスを受けても、母親の多くは言葉にしないものの自分に原因があると思い続ける。

最初の他者である自分が子どもに上手に愛情を注ぐことができなかったという後悔や自責感は、なかなか薄らぐことはない。一方で密着と言われ、一方では愛情不足と言われる。母という存在に対して、社会は本当に難しいあり方を求めている。親対象のセミナーでも筆者は、「ひきこもりの原因は家族関係を含めてたくさんあるが、原因探しそのものは、ひきこもり支援にとって優先順位で言えば下のほうになる。だから、原因探しはもう少し楽になったあとにしませんか」とたびたび訴えてきた。しかし、いつものことだが、セミナーの最後のほうになって、「やはり私の愛情不足が」とか「私の育て方が」という意見が出る。それは、腹の底から絞り出したような、何とも言えない苦渋の声として響く。どう理屈づけられても残ってしまう、母親たちの本音なのだ。

こうした本音に対して、さらなる理屈の提出も可能だ。たとえば、「所有」の概念を持ち出し、母の愛情の裏返しとして「子どもを自分だけが所有している」という考え方をどこかで抱いており、それを客観化しない限り親子の距離はとりづらいだろうというような指摘。たとえば、内面化された母イメージを抱き続けることで母は自分自身のアイデンティティを維持し続けており、そのアイデンティティそのものが現在の親子関係を延長しているというような指摘――。

このように、自分で自分を責める母親に対して、別の見方もあると提示することもできる。けれども、それもいたちごっこに終わるのではないか。母親たちはたぶん、どんな理屈を持ってこられても原因探しをやめないだろう。

それを責めることはできない。その原因探しを続けることそのものが、母親たちのまさに「倫理」だからだ。言い換えると、他者への責任の取り方だからだ。その姿勢を筆者は尊重する。

でも現実には、原因探しはひきこもり支援にはあまり役立たない。母親たちの本音を尊重しつつ、「サポートのスモールステップのなかの一ツール」というような表現で家族を位置づけ、「動くこと」を奨励していく。

マグマのような「自立」

母が原因からなかなか逃れられないのに対し、父には「自立」という理念が常に宿っているように筆者には感じられる。現実は母にも「自立」は宿っているのだが、内面に宿るそれとのつきあい方が、母よりも父のほうがおしなべて下手なように見える。

ただ「自立」について考え出すときりがないので、ひきこもり支援においては、自立を大きく二つに分けている。これは何も筆者が強引に線引きしたのではなく、親から溢《あふ》れ出てくる自立に関する言葉を整理したらこうなったというものだ。

それは、「経済的自立」と「親からの独立という自立」の二点だ。二つめの親からの独立は、一次的には親との別居を指すが、同居していても一定の金銭を家に入れ衣食を自分でまかなうというのも、ここに入れてもいいと思う（ということはこれは経済的自立でもある）。

親たちは、いろいろな表現で自立を語る。たとえば、「いつになったら仕事をするのか」「何か資格でもとったらどうか」「いつまでも小遣いをやるわけにはいかない」等がある。これらを一言でまとめると、経済的自立となる。また、こういう表現もある。それは、「父親が定年になったら我が家は経済的に困窮する」「親が病気にでもなったらどうするのか」「親が死んだらどうするのか」等。本書は基本的に親に元気になってもらうために書いているのでこういう表現は使いたくないのだが、現実に「死」という表現は普通に使われている。後者をまとめると、親に頼れなくなったあとの独立という自立、になる。

この二つを親たちは渾然一体と抱え、それに常に悩まされ、それを子どもにぶつけたいようだ。母親は、自立に関係する言葉を子どもにぶつけることで日々の関係がぎくしゃくすることを肌で知っているから、言いたくても封印する。関係が悪くなってしんどくなるのは、まず自分だからだろう。これに対して父親は、なかなか封印できない。自立に関する言葉たちは、まるでマグマのごとく内側からわき出ているように見受けられる。

たとえば以前、ある父親が、親対象のセミナーで、言ったことを筆者は忘れられない。

「そんな言葉を言ってはいけないとわかってはいます。けれども、どうしても内側からわき上がってきてしまう。止められないんです」

この言葉を聞いてひどく納得してしまった。第３章でも書くが、ひきこもりの状態のとき、経済的自立や親からの独立を子どもに親が熱っぽく説いてもほとんど意味がない。意味がないどころか、長い目で見るとマイナスに響いてしまう。つまり、余計に長くひきこもってしまうということだ。だから、「子どもに自立してほしい」という親の願いを、いわば技術として封印するほうが、長い目で見ると、より自立に近い道を歩むことにつながる。そのように割り切って子どもに接してみてはいかがですか、と提案すると、親たちはたいていの場合うなずく。そこでいつも議論は止まるのだが、このときのその父親は、まるで内側から何かを絞り出すようにしてうめいたのだった。止めたくても自立に関する言葉はわき上がってきてしまう、と。

これを聞いて(あるいはその苦しそうな父親の表情を見て)、父自身も自立に捕われていて苦しいのだな、と感じた。一般的に、ひきこもっている当事者たちは、ひきこもりながらも実は自立したいという、行動とは矛盾した思いを抱いている。それができないもどかしさ・焦りで苦しみ続ける。自立という言葉が当事者たちに与えるプレッシャーは並大抵のものではない。

そのことはわかっていた。だが、父親たちも、子どもとは別の意味で自立に捕われている。抑えても抑えても言葉が溢れ出てきてしまう、そうした父の思いを聞いて、筆者の考え方も徐々に変わってきた。それまでは、自立という言葉を振りかざす父たちを、どこかで軽く見ていた。また、自立に関する言葉を投げかけると現実の親子関係はこんなに険悪になってしまうのに、なぜ父たちはそれをやめることができないのか、不思議でもあった。けれども、父も自立に捕われていると考えると、その意味が納得できた。父にとって、自立はマグマなのだ。

「不在」か「自立を迫る」か

通常、ひきこもり問題との関係で「父」を語るとき、父親の「不在」という視点が持ち込まれることが多い。いちいち例証しないが、これもまた、臨床心理学や精神医学の立場から、その多くが発言されているように筆者には思える。この視点の源流もおそらくフロイトだろう。社会的役割モデルとしての父親というあり方が男の子の成長には不可欠であり、その原点にはエディプス・コンプレックス（母を奪われることの代償に父が社会で果たす役割を模倣する）がある、という思いきりフロイトを単純化させた議論が、空気のように心理学や精神医学の専門家たちに刷り込まれている。父―母―子という閉ざされた三角形のなかで、父親は唯一、「社会」という外の風を持ち込む存在として捉えられている。

その役割が果たされていない、家の経済を支えることが逆に「父」という役割の希薄化につながっていると専門家たちは指摘する。原因論でいうと、母親は母子密着が取り上げられるのに対し、父親は父の不在が取り上げられる。

ところで、二〇〇〇年代も半ばを過ぎて筆者が仕事をしながら感じるのは、「この頃は父親の参加が増えたなあ」ということだ。面談にしろ、親対象のセミナーにしろ、家族会にしろ、以前はほとんど母親が占めていた。それがこの頃は、きちんと数字を比較したわけではないものの、明らかに父親の参加率が高くなっているように思える。その理由はおそらく、定年退職して時間の余裕ができた父親たちが増加したことにあるのではないか。

当然、五〇歳代の父親も参加している。しかし、ひきこもりの高齢化[1]に伴い、親も高齢化している。五～六年前まで親たちは、「父親がもう少ししたら退職する。それまでに何とか自立してほしい」と子どもに迫っていた。しかし月日が経ち、現実に父親たちが退職し始めている。

（1）東京都青少年・治安対策本部「ひきこもりの実態等に関する調査結果」によると、三〇～三四歳のひきこもり（本書の分類では純粋ひきこもりと〈ひきこもり〉に当たる）が全体の四三%を占めている。なお、同調査は三五歳以上は対象外。

このように、団塊《だんかい》の世代の退職問題はこんなところにも波及しているのだが、いざひきこもりの問題に限ってみると、それほど悪いことばかりでもない。面談や家族会やセミナーに父が参加し、母と問題を共有して解決法を探ることができるからだ。筆者は不在論で父を問いつめることはしない。先述した通り、原因を掘り下げていっても目の前のひきこもりの問題解決にはつながらないし、第一、支援者が原因を伝えなくても親自身が自分を掘り下げている。筆者が父親にお願いすることは、母と同じくとにかく「動き続ける」ことであり、そのためにその意味と方法を伝える。

とにかく理由は何であれ、ひきこもり問題解決のために父親が参入してくる割合が高くなっている。それまで母の孤軍奮闘だった戦線に父が参加することは悪くない。一人より二人で動くほうがいい。

父親たちが動き始めている。けれども、今までの不在を埋めるためなのだろうか、父親は「自立」を性急に子どもに迫ってしまう。父親たちは、抑えても抑えてもこの欲望を振り払うことができない。純粋ひきこもりや〈ひきこもり〉の状態に子どもがあるとき、「自立」――具体的には経済的自立と親との別居――を迫ることは得策ではない。得どころか、損ばかり（親子関係の断絶とひきこもりの長期化）が現れる。だが、この局面では、こうしたいい意味での利己主義的発想は父親たちに届かないようだ。デメリットを警戒し、技術として「自立」議論はしばらく封印するという提案は、内から突き動かされる〝マグマ〟によって簡単に吹き飛ばされてしまう。結果、衝動的に自立議論を子どもに迫るという、ひきこもっている青年からすると最も恐れていることを父親は為《な》してしまう。

つまり、父親は、「不在」か「自立を迫る」かのどちらかで大きく揺れている。白か黒、あるいは極端から極端。その間に留まり続けることが多くの父親たち（もちろん留まっている父親も存在する。ここではあえて父を一般化して語っている）には本当に苦痛なのだろう。

こうしたあり方に対しては怒りも同情も抱かない。母と同じく、わかっているけれどもそうなってしまう行為、その姿勢自体を筆者はまず尊重する。自立というマグマに突き動かされてしまう存在、それが父親なのだ。そのあり方を頭から糾弾《きゅうだん》してもあまり意味はない。なぜなら、そのマグマにこそ、父親自身の「親としての倫理」が入り込んでいるからだ。父親は何もふざけて「自立」を持ち出しているわけではない。子どもという親密な「他者」に向かうとき、どうしても発動してしまう概念、それが父親にとっては「自立」なのである。他者と真剣に渡り合うときに現れる言葉を、簡単に封印することなどできない。どうしてもそうなってしまうことの真剣さ、言い換えると、父親の「父としての倫理」を尊重することから支援は始まる。

そして、それを尊重したうえで、粘り強くその「倫理」と支援者は向き合うべきである。つまり、極端から極端に動く存在である父、またマグマに突き動かされてしまう父という存在を、父自身に自覚してもらう。それと同時に、やはり「動き方」を伝えていく。これは時間のかかる作業であり、まさに支援者自身の「他者」との向き合い方が問われる。

いずれにしろ親という問題を考えるときに興味深いのは、母にしても父にしても、紋切り型の役割分担の押しつけがいかにこの社会に強く残っているかということだ。一方は愛情を持つこと、一方はモデルであることが強く求められる。また、その役割分担のなかで想定される子どもとは、常に男の子でもある。ひきこもりの八割は男性であるという議論がこのことを後押ししている（国立精神・神経センター精神保健研究所社会復帰部『一〇代・二〇代を中心とした「ひきこもり」をめぐる地域精神保健活動のガイドライン』付録『「社会的ひきこもり」に関する相談・援助状況実態調査報告』）。

このように、理屈としては精神分析を源流とする考え方が非常に当てはまりやすいということは確かだろう。けれども、父―母―子の閉じた三角形の理論は、ひきこもりの原因をうまく説明するかもしれないが、ひきこもりの解決法を具体的に提示してはくれない。その理論は、ただただ親たちに「変わりなさい」と迫るのみなのだ。

実際は、なかなか変わることなどできない。それどころか親たちは、変われない自分たちを自分で責めるようになる。そして専門家を渡り歩き、またもや「変わりなさい」と迫られる。

求められる役割の問題はしばらく置いておくほうが、親自身のフットワークが軽くなると筆者は考える。まずは閉じた三角形から出ることが先決だ。役割や変化はあとから付いてくる。まずは、親が動くこと。原因や役割はしばらく置いておくこと。結果として親自身も変われたらラッキーだが、それよりも子どもの状態を少しずつ変化させることのほうが大切だ。
現実には、そんな考え方のほうがうまくいくことが多い。

きょうだいとの関係、祖父母・親せきとの関係

ひきこもり当事者が男性で、男きょうだいがいる場合、筆者の経験では、そのきょうだい間は仲が悪いことが多い。そこには一定のパターンがある。

一つめは、きょうだいがひきこもっていない場合。つまり、学校なり就労なりにそのきょうだいが就いている場合、きょうだい仲が悪くなることは珍しくない。仲の悪くなる順番としては、まず、ひきこもり当事者のほうがきょうだいに対して距離をとりはじめる。それは当然だろう。自分はひきこもっているのに、きょうだいのほうは挫折なく学校や仕事に行っている。コンプレックス、という一言では割り切れない、複雑な思いを当事者はきょうだいに対して抱くだろう。

きょうだいのほうは、はじめは理由がわからないまま距離をとられる。兄という立場であっても弟という立場であっても、みなそれぞれ自分の生活があるから、はじめはそれほど気にならない。だが、時には露骨に距離をとられる場合がある。そうなると、多かれ少なかれ思春期という要素が入っている者同士、喧嘩になることもある。派手な喧嘩にならないまでも、お互いが徐々に距離をとり始め、やがてはほとんど口をきかなくなるようになる。よくあるパターンだ。

二つめは、きょうだいもひきこもっている場合。それぞれの事情があるから一言でいうのは難しいのだけれど、二人ともひきこもっているとき、それぞれのペースでひきこもるからやがて物

理的にも距離が生じ、会話が少なくなる。会話が少なくなると関係は疎遠になり、まるで他人同士が暮らしているような雰囲気になる。ここに、互いの親に対する思いや、きょうだい間の歴史などが積み重なってきて、複雑な感情が生じてくるようだ。

いずれにしろ、ひきこもり支援を考えたとき、きょうだいがひきこもっている場合は論外として、ひきこもっていないきょうだいも、それほど支援には影響を与えない。きょうだい間の関係が悪いので、外出するのを手伝ってもらうわけにもいかない。この場合は、きょうだいは自分の自立を目指していくことのほうが先決だ。親は、きょうだいの力をそれほど当てにしてはいけない。

ひきこもり当事者が男性で、きょうだい仲がいい場合も、基本的には、当事者に対してあまり関わらず、きょうだい自身の自立を模索していくことになるようだ。きょうだいが当事者の自立に直接手を貸すよりも、きょうだい自身が自立していく姿を当事者に見てもらうほうが、長い目で見るとプラスになるのではないか。

ひきこもりという状態は、矛盾した気持ちを同居させた状態である。一方では仕事をしたい、その一方ではこのまま永久にひきこもっていたい。一方では家族と仲良くしたい、その一方では放っておいてほしい。一方では家から独立したい、その一方では独立はめんどくさい……。あげだしたらきりがないほど、両極端な矛盾した思考と共に生活している。このような矛盾を理解し、時間をかけて社会へと接続することが、親が動くことの意味であり、支援者の仕事の意味だ。このような粘り強い関わりをきょうだいにまで求めるのは酷《こく》だと筆者は思う。きょうだい間の複雑な歴史やそれぞれの親に対する思いが、そうした粘り強さを跳ね返してしまう。どんなに仲がよくとも、時にはもどかしい感情も生まれるだろう。そんな感情を抱くきょうだいを責める気にはなれない。きょうだいは、まずは自分の道を歩んでもらうことが一番であろう。

ひきこもり当事者が男性で、きょうだいが女性の場合、そのきょうだいは多くがひきこもっていない。また、互いの仲が険悪なことも、経験上あまりない。だいたい雑談程度はできることが多いようだ。なかには、ひきこもり当事者の脱ひきこもりを手伝う人もいる。具体的には、外出を促し、その付き添いをするきょうだいもいる。そしてその試みがうまくいくこともある。けれども基本的にこの場合も、きょうだいは自分自身の自立を模索していくことを優先することが先決だ。その理由は、先に書いた通り、粘り強い関わりはきょうだいには酷ではないかということだ。

ひきこもり当事者が女性の場合、ときに深刻な関係を聞くことはあるけれど、多くの場合、きょうだい仲は目立って悪くないようだ。それはあくまでも「日立って」悪くないということであって、複雑な関係性はそこにある。だがこの場合、筆者の経験では、きょうだいはあまり表に出てこない。女性がひきこもる場合、親との関係性は維持していることが多いから、親はきょうだいにそれほど頼ったり影響されることなく、親と当事者の二人三脚で何とか社会参加を目指すということが多い。

いずれにしろ、きょうだいという存在は、ひきこもり状態を深刻化させる（原因論とはまた別）ものでも解決に向かう一助となるものでもない。当事者からすると、どこかで常に意識はしているが、親に比べると遥《はる》かに存在感の薄い存在、と言えるだろう。言い換えると、ひきこもり支援における家族の役割の比率は、圧倒的に親が占めているということだ。

祖父母や親せきと、ひきこもり当事者の多くとは距離をとる。理由は明快で、祖父母や親せきは「自立」を普通に迫ってくるからだ。祖父母の場合は、徐々に当事者のことを理解し自立に関する話題を避ける人もいるが、祖父母にとってみるとそのこと(自立を迫らない)はかなりストレスがたまることでもある。自立に触れてはいけない、その理由が祖父母にとってはわからないから、当事者に対しての言動が不自然になる。そのことを当事者も見抜く。結果、両者の関係はぎこちないものになる。

しかしほとんどの場合は、自立して当たり前というふうに祖父母は当事者や親に関わってくる。親せきになるともっと顕著だ。だから当事者はこのような人たちを避ける。だから、正月やお盆がひきこもり当事者にとっては何よりも苦痛な季節だ。

なかには少数派ではあるが、上手に当事者に関わってくれる親せきも存在する。この場合は、親は、この親せきを相談役やときには支援者として位置づけることもできる。だが、価値観の柔軟な親せきは、それほど多くないだろう。

というわけで、きょうだいも祖父母・親せきも、基本的にひきこもり支援には関わらないほうがよい。ひきこもり支援とは、当事者と親との問題であり、状態がひきこもっているときは、とにかく「親が動く」ことがすべての支援の始まりでもある。

第３章　ひきこもり支援はスモールステップの積み重ね

ステップ１　親子関係を再構築する――はじめは親の対応が中心

この章では、第１章で示した見取り図（一七ページ）を参照しながら、ひきこもり支援はスモールステップの積み重ねだとして、では具体的にどのように行なえばいいか、順番にみていく。

まずは、純粋ひきこもりの状態における、「家族との関係」の部分をみてほしい。純粋ひきこもりでは家族との関係が皆無に近い。本人の機嫌がよいときであれば挨拶程度は交わせるのかもしれないが、多くは無反応だ。親が声をかけても無視して自室に戻るか、親とできるだけ顔をあわさない時間帯――昼夜逆転した夜型――で生活する。この状態から、少なくとも雑談程度はできる状態にするということがここでは目標になる。

そのための方法はいたってシンプルだ。まずこの段階で支援者が当事者に出会うことは難しいから、本人へのアプローチは親が中心になるということを親自身が理解する。第２章で書いたように、きょうだいや親せきもほとんどあてにできない。この段階では子どもとコミュニケーションできる主体は親しかないんだということを、親自身が受け入れる。

これは、言うは易《やす》いが、現実はなかなか難しい。というのも、長期化したひきこもりの場合、多くの親も疲れきっているからだ。だから、親は支援者と必ずつながることが必要だ。そして支援者は、親に対して、支援の受け方の基本のようなことを丁寧に伝える。

どういうことかというと、親のなかには、たとえば、医師がカウンセリングしてくれると思っている親も多い。あるいは、カウンセラーが情報提供やアドバイスもしてくれると思っている人が多い。そうではなく、「医師は治療する人＝薬を出す人」、「カウンセラーはこちらに意見をせず愚痴《ぐち》を聞いてくれる人」「情報提供やアドバイスは、ケースワーカーやＮＰＯ相談員がする」といった、支援者からみれば当然のことを、あらためて親に伝える。そのような支援者の役割を親が理解し、自分にあったカウンセラーを見つけて悩みを聞いてもらう。そこで少し楽になったあと、主としてケースワーカーと相談しながら段階的に支援を受けていく（本章で後述するところの司令塔とのかかわり）。

実際はこのようなことを理解するだけでも相当の時間はかかるだろう。また、上手にアドバイスできるカウンセラーや医師もいるので、これほど使い分けしなくてもいい場合もあるだろう。重要なのは、純粋ひきこもりの状態のとき、本人へのアプローチの主体は親であること、これを継続するために親が支援者と出会うということだ。その一環として親は「親の会」[2]などにも誘われることだろう。

（2）　親の会や家族会等名称は定まっていないが、公的機関（たとえば保健所）やＮＰＯが主宰することが多い。活動内容も定型はないものの、ひきこもり当事者を持つ親が集まり、各自が悩みを打ち明け苦しみを共有する、ピアカウンセリング的なものが多い。

ステップ2　「自立」を言語化しない――コミュニケーションの方法

さて、そのうえで何を親はするのか。それは、第2章で示した、「自立」に関する話題を徹底的に親が避けることだ。具体的には、「仕事をいつからするのか」「将来をどう考えているのか」「親が病気になったらどうするのか」「親が死んだあとどうするつもりか」などの正論あるいは説教を言わない、ということだ。

先に筆者は、自立について二つに分けた。それは、経済的自立と親からの独立・別居の二つであったが、親の言いたいことはほとんどがこの二つに収斂《しゅうれん》していくようだ。「仕事」や「将来」は経済的自立に含まれるし、「親の病気や死」は親のいない生活に含まれる。親は、子どもが純粋ひきこもりだろうが何だろうが、とにかくこのことを言いたい。だが現実に言うと、純粋ひきこもりの状態の子どもにこれらを伝えてもメリットはまったくない。逆に、親子関係はさらに冷え込み、ひきこもり状態はさらに長引くだろう。

何より当事者たち自身が、これらのことを気にかけている。しかしひきこもりが長期化すると、徐々に直視できなくなるようだ。また直視したとしても、いわゆる「一発逆転」の発想（宝くじを当てる等）に陥ってしまう。「一発逆転」も逃避の一種かもしれないので、一般的にひきこもりが深刻になればなるほど、自立をどこかで意識しながら言語化はできるだけ避けるという、ひきこもり独特の心理構造になるようだ。

ただ一つ言えるのは、自立の言語化は本人を追い込むということだ。「そんなことは言われなくてもわかっているんだけど、それでもどうしようもないからひきこもっているんだ」といったあたりが当事者たちの本音だろう。そう、どうしようもないから結局ひきこもってしまっている。

そこには、諦《あきら》めや欲望の封印のようなものも同時に生じている。

どうしようもないから、毎日単調な生活を送る。逆に、毎日ゲームをするのが楽しみで仕方がない、だから結果としてひきこもってしまっている、という人と会ったことはほとんどない。多くは、暇つぶしで仕方なくゲームをしている。ゲーム自体をしなくなり、漫然とテレビを見続けている人もいる。好きでひきこもっているのではなく、ひきこもり以外の生活ができないため、結局ひきこもる。なかには、買い物欲求をできるだけ封印し、小遣いをほとんど使わない人もいる。このため親は小遣いを与えなくなる。それはさらなる欲望の後退を生み、他者との交流から撤退することにつながっていく。本人が使おうがそのまま置いておこうが、定額の小遣いは必須だと筆者は考える。

親が言いたいこと、本人は避けたいこと、つまりは「自立」の話題に触れず、地道に挨拶のような短い会話を積み重ねる。次に、スポーツや芸能やテレビの話等、親からみれば無難な話に終始する。すると不思議なもので、親子関係は変わってくることが多い。雑談程度であれば以前のように会話でき、食事も時には親と一緒にとるようになる。純粋ひきこもりの状態にある場合、まず目指すのはこの地点だ。

第2章で書いたように、父親のなかには、どうしても自立について語ってしまうという人もいる。けれども、この段階で自立の話をするのは百害あって一利なしだ。それがわかっていても説教してしまう父親は、思い切って会話によるコミュニケーションを断つのもひとつの手段かもしれない。もちろん挨拶はしたほうがよい。それ以上の会話に発展した際にどうしても自立について触れてしまう父親は、挨拶以外の会話をあえて断つ。そのかわり、月に一回ほど子どもに宛てて手紙を書いてみたらどうかと筆者は提案している。もちろん手紙の内容に「自立」を入れてはいけない。たとえば最近みた映画の感想などを簡単に書く。そのなかで、親自身の「親」という側面以外の顔を正直に綴る。だが、これもそう簡単ではない。手紙にも、その行間からあの自立というマグマがにじみ出てくるかもしれない。だがそこは、手紙という書き直しがきく手段をあえてとっているのだから、慎重に書いていく。また、自立にはあえて触れないものの、そのかわり、子どもを承認し見守り続けているというメッセージは伝えてもいいのではないだろうか。当事者たちのなかには、こちらが驚くほど、親に自分を承認してほしいという強烈な欲望を持っている人が少なくないと感じるからだ。

このように親がアプローチの主体となるということ以外に、支援者などが直接本人を訪問するという方法もある。しかし、訪問という手法は、当事者の状態が純粋ひきこもりの場合、リスクが大きい。純粋ひきこもりの場合、本人は表層的には訪問を拒絶する（一方では誰かの助けがほしいと思っているものの、態度としては拒絶する）。そのため、支援者が訪問しても会えないことがほとんどであるし、たとえ会えたとしても、支援者が帰ったあと暴力をふるったりする。訪問支援をしているいくつかの支援機関を調査したことがあるのだが（ＮＰＯ法人淡路プラッツによる大阪府ニートサポート事業の委託調査「訪問型アウトリーチ調査報告書」二〇〇八年）、そのほとんどが、第１章の見取り図でいえば親子関係が再構築されたあと訪問するようだ。このことは、純粋ひきこもりへの訪問はリスクが高いことを証明している。

ひきこもりの三つのタイプと合わせて考えると、精神障がいにしろ発達障がいにしろ性格の傾向にしろ、親子関係が断絶していてはそれ以降の支援は展開しにくいということは共通する。何よりも雑談程度ができる親子関係、これの再構築こそが支援のスモールステップの最初の段階、いや、「地面」あるいは「土台」となると言っても過言ではないだろう。

ステップ3 外出を手伝う——純粋ひきこもりから〈ひきこもり〉へ

親子間の会話が復活したあとは、外出が次の目標になる。これには二つの意味がある。一つは本人の生活範囲を拡大すること、もう一つは将来的につながるであろう支援機関に通うための練習という意味合いだ。

繰り返すと、外出することの意味は、自宅だけの生活を解消することと支援機関への接続の準備ということであり、そのためにまず「近所」に慣れていくことから始める。

よく親たちは、外出の内容として「休日に車で観光地に遠出」ということを試みるが、当事者の気分転換という点ではそれなりの意味があるものの、支援のスモールステップのなかでは副次的なものになる。観光地への外出は見た目が派手なのでステップアップした気がするのだが、これは残念なことに親だけがそういう気分になっているようだ。当事者たちはどちらかというと、「自分を外出させたい親の気持ちに合わせてあげている」という、さめた感覚でこうした外出を捉えている。

換言すると、「近所が自分の悪口を言っている」といった被害念慮的症状を当事者が有している場合(一部の精神障がいのタイプはもちろん、発達障がいや性格の傾向のタイプにもこの症状は現れる)、近所への外出は、何時間もかけた観光地へのドライブよりもはるかに敷居が高いもののようだ。一カ月に一度ほど親の言うことを聞いてドライブにつきあえば、自分が恐れているもう一つの外出――近所周辺への――はそれほど強要されることはない、だから遠出はする、といった感覚なのだ。

けれども、支援のスモールステップの先々の展開を考えたとき、まずは、「自宅を中心とした外出」が常時できることが目標になる。その場合、散歩以外に、書店・図書館・コンビニ等に慣れることも含まれる。時間的には、夜の外出から始め、やがて夕方へ移行し、そのうちに昼間外出してもそれほど気にならない状態を目指す。曜日的には、休日から平日への移行が目標だ。乗り物としては、電車に乗れるかなどは次の段階であり(よって、群衆や密閉状態のなかでの多少の不安障がい的症状――動悸・発汗・嘔吐感等――があったとしても、この外出の初期段階においてはあまり関係ない。むしろ被害念慮のほうが大きなテーマとなる)、外出の初めは徒歩、やがては自転車で近所を自由に動けるようになることが目標だ。

では、外出の具体的例をみてみよう。

時間は平日深夜、午前○時をまわっていることも珍しくない。本人がごそごそと外出準備を始めている。それまでに、親やきょうだい(前章で書いた通り、きょうだいの協力は難しいのが普通だが)といった家族による地道な励ましにより、やっと本人は外出する気になっている。数時間前から準備を始めることも珍しくないだろう。親子関係は雑談程度ができるくらい復活しているので外出について語れるようになってはいるのだが、この外出の瞬間においては、親は緊張するようだ。玄関でためらう子どもに対して、あまり促しても逆効果になるかもしれないし、何も言わなければせっかくその気になっているのにやめてしまうかもしれない。結果、親は黙ったままハラハラドキドキして見守るしかない。

やはりその日は外出はやめてしまう人もいる。その場合、親はできるだけ残念な顔をしないことだ。親の期待と失望に当事者は敏感だ。失望が顔に出ると、「言葉では出さないものの、外出できることを非常に期待している」という意味がメッセージとして伝わってしまう。子どもは当然、自分も外出したいと思っている。だができない。できないからひきこもっているという苛立《いらだ》ちがある。そうした複雑な気持ちを親はわかってくれていると思っていたのに、親の失望の表情は、子の親に対する失望にもつながってしまう。

そのまま外出できてしまう人もいる。一戸建てならそのまま外だが、マンションであれば廊下だ。マンションの場合、当事者がエレベーターを使いたがらない理由を家族は知っておく必要がある。ひきこもり当事者は、前出の「近所の目が気になる」ことに加えて「同世代との遭遇」を恐れている人もいる。同級生に会うことはもちろん、いわゆる若者然とした人たち全員に対して抵抗感を持つ場合がある。いじめの被害体験がある人は加害者と重ね合わせたりするし、恋愛に極端なコンプレックスを抱く人は若いカップルとすれ違うだけで緊張したり嫌悪感を抱いたりする。このように、「近所」に加えて「同世代」もひきこもり当事者は苦手とする。すると、マンションの廊下や、ましてやエレベーターなどは、近所や同世代と接近してしまう危険なエリアということになる。これは三つのタイプに共通するようだ。

そのため、人によっては、階段を使うことになる。たとえばその当事者がマンションの一〇階に住んでいるとして、外出初日は階段を使って七階まで降りるかもしれない。その場合の外出は、ダイエットという目標も併せ持っていることもある。すると、一〇階と七階を何度も往復することになる。二〇分ほど時間が流れ、外出初日は終了する。外出初期においては、人によってさまざまではあるが、往々にしてこういう変則的な形式になることもある。だから、親やきょうだいは本人が拒絶しない限りできるだけ付き添ったほうがいい。やがて、七階から三階、三階から一階へと徐々に移行していく。

次に、マンションや自宅周辺を歩くことになる。深夜であれば、コンビニにも立ち寄れるだろう。外出の時間帯を夕方へ早めていき、やがて昼間に出歩けるようになることが次の大きな目標になる。この一連の外出の移行が困難な場合、精神障がいのタイプを疑ってもいいかもしれない。何らかの精神障がいの症状で人知れず当事者は悩んでいるかもしれないからだ。

週に二〜三日一人で外出できるようになると、先の見取り図での〈ひきこもり〉状態になったということだ。前述したが、この外出できるひきこもり状態が、ひきこもりの九割を超えている。

ステップ4　必要な支援を見分ける——狭義のニートへ

さて、親子関係が再構築され、外出も一人ではあるができるようになったとして、その次に、支援機関に本人といっしょに行くという段階がやってくる。

当事者によっては、ネットゲームやチャットなどを通じて自力でオフ会(ゲーム仲間と実際に会う会)に参加し、友人をつくるケースもある。しかし、支援者は、こうしたケースにあまり会うことはない。自力で友人をつくれる人は支援機関には来ないからだ。実感としては、ひきこもりが長引けば長引くほど、このように自力で友人をつくるケースは減ると思っている。長期化したひきこもりの場合、何かのきっかけがあり人と知り合うことはあるかもしれないが、そのことが自分のひきこもり生活を変えるほどの強力な要素にはならないのではないか。

そういうわけで、ひきこもりからの脱出として支援機関に通うことを目指すわけだが、この状態になって、純粋ひきこもりの頃から親が相談している支援機関が重要な役割を果たす。この状態になるまで支援機関は、先の三つのひきこもりのタイプのうち、被支援者がどのタイプに属しているのか、だいたいを見極めておく必要がある。

そのうえで、親と意見を共有しておき、これが一番大事なのだが、親の納得を得ておく必要がある。たとえば、広汎性発達障がいの疑いがあれば、支援機関はそのことについて、親と話し合いを持っておくことだ。それも、地道に何回も面談を重ねて、支援機関は(面談担当者は、といったほうが正確か)、その広汎性発達障がいについて多少の理解を親から得る。

最終的に診断を下すのは医療機関の医師なので、それはまだ先になるだろう。だから、この時点で支援機関としては断言してはいけないし、医師以外の支援者にはできない。だが面談を通して三つのひきこもりのタイプのうちどのタイプかを支援者は見極め、そのことを時間をかけて親と共有することはできる。そのうえで、どの支援機関を選べばその当事者に適しているかを支援者は考え、親もそれについて意見を言い、ベターな支援機関を両者の話し合いを通して見つける。こうした過程を踏むことがとても大事なのである。

そうした話し合いで選ばれる相談機関は、親が通っている機関かもしれないし、別の機関かもしれない。それは三つのタイプのどこに近いかで分かれてくる。親が通う支援機関ではない場合も、それほど嘆く必要はない。ひきこもり支援はひとつの支援機関だけではとうてい無理なのだ。当事者は、いずれは複数の支援機関を使うようになる(というより、複数使用するよう勧める)。親が通う支援機関を、いずれは副次的支援機関として当事者は選択するかもしれない。

ステップ5　支援機関にいっしょに行く――親自身のために動く

このような親の努力を受けて、当事者が利用する支援機関が決まったとしよう(ややこしいので親が通う支援機関に子も通うこととする)。ここで、このことを親は子どもに伝える必要がある。

しかし、ここである矛盾が生じる。

親は、親子関係を再構築させるために「自立」に関する話を封印してきた。やがて子どもは外出できるようになった。それは、親が子を支援機関に誘うことができるかもしれないという状態になっているということだ。だが、その「支援機関に誘う」という行為そのものが再び親子関係の凍結につながる可能性がある。支援機関の名を出すという行為は、直接「自立」につながることであり、親子関係の再成立の根底にあった無言の約束――「自立」に触れない――を破ることでもある。だから親は支援機関の名を出すことに躊躇《ちゅうちょ》し、子どもがひきこもりの次の段階の手前まで来ているものの、そこで固定してしまうことが多い。第1章の見取り図でいうと、〈ひきこもり〉と狭義のニートの間で停滞するという事態が生じる。

　このような親の気持ちを批判する気にはなれない。子が家のなかで純粋ひきこもりの状態で過ごすということは、親にとっても過大なストレスとなるからだ。しかし、ここで支援機関の名を出すことは、以前の純粋ひきこもりの状態に戻る可能性も秘めている行為なのだ。筆者はそのようなことも親に伝えたうえで、以下のような段取りを提案してみる。

　子どもがひきこもっている間、親は、支援者と出会い、愚痴を聞いてもらったり、ひきこもりの支援について学んだりしている。本で知識をつけ、講座に通い、支援機関に紹介された親の会に通ったりもしているだろう。そのほか、支援機関の情報も親は得ているはずだ。

　そうした情報を、特に自分が通っている支援機関の情報を、親は子に小出しに伝えていく。いきなり誘うのではなく、自分はどういう相談機関に通っているか、どういう理由で通っているかを、短時間で明瞭に子に伝える。その際、「子どものために通っている」のではなく、「親自身のために通っている」と説明したほうが子の反発を招きにくい。たとえば、「お母さんも少し疲れ気味なので相談を受けているの」といった感じで伝える。

　当事者たちからすれば、その「疲れ」の原因は自分にあると薄々気づいているものの、あえて言語化されなければショックはあまり受けない。それどころか、当事者たちは親にいつまでも元気でいてもらいたいと願っている。親が元気だからこそひきこもり生活が成り立っていると当事者たち自身が一番知っているからだ。また、当事者たちの多くは、「ひきこもり状態から救い出してほしいが、放っておいてもほしい」という矛盾した心理状態にある。加えて、「自分のために親に何とかしてほしいが、親に迷惑もかけたくない」とも思っている。

このように、基本的に助けてほしいものの、二重三重の矛盾した心理のなかで当事者たちはあえいでいる。だから親は、「親自身のために動く」とあえて伝え、定期的に支援機関に通い続ける。はじめ、子はほとんどその動きを無視する。それが数カ月続くことは当たり前だ。親が今日はどこそこの支援機関に行ってきたと伝えても、ほとんどは無視するし、人ごとのように聞き流す。このリアクションのなさに打ち負けてしまう親もいるが、支援者の力も借りながら地道に親は通い続け、そのことを子に伝え続ける。すると、親がどういうところに通っているか、子は徐々に気になってくるようだ。具体的には、「まだそんなところに通っているの」といった、若干皮肉めいたセリフで論評したりもする。これは関心がある証拠である。

こうしてその支援機関の名前がタブーでなくなってくる。ここで、いよいよ、本人を相談機関に誘う段階が来る。たとえば、親が一カ月後に面談予約をとっていたとする。その段階で、親は子に日時を伝え、「もしその気になったらいっしょに行こう」と誘う。子は、「自分には今は必要ない」とか「そこに行っても何を話していいかわからない」などと、否定的な応答をしてくるだろう。だが、これを額面通りに受け取ってはいけない。これは、否定ではなく、不安から生じている言葉なのではないか。長期間、家族以外の人間と会っていないとき、勧められる支援機関について多少の関心を抱いているにしても、実際に会うことを想像すると不安になるのは当然の心理だろう。それが否定的応答となる。親はできるだけその否定的言辞にふりまわされず、シンプルに面談日時を伝え「できればいっしょに行こう」と誘う。それ以上は付け加えない。

そして前々日あたりにあらためて伝える。このときも用件のみだ。やがて当日になる。本人が行く気になっている場合、風呂に入って入念な準備をし始めるので、前日からわかることもある。当日朝も着替えに時間をかけているかもしれない。そして玄関で靴のひもを結び始める。親はとっくに靴を履き、外に出ているだろう。そのますすっと出る人もいれば、そこまできてドタキャンという場合もある。行為としてはドタキャンになってしまったが、そこに至る本人の葛藤は凄まじいものがあったと想像される。そこまで来れば、気分の変動でドタキャンではなく、なかなか言葉にはならないが相当なプレッシャーのなか、「どうしても今日は無理だ」となってしまうのであろう。そのことを責めても仕方がない。だから親はがっかりした顔を見せず、「では私だけ行ってきます」と言って親だけが面談へと出かけ、そこで約束してきた次回の面談日時を帰宅後、本人に伝える。そして翌月、同じように本人を支援機関へと促す。

時には、玄関で迷う子に対して、親は少し強めに誘ってもいい。それが可能な条件が、それまでの地道な親子関係の積み上げにより構築されていると思うからだ。そのときすでに、「自立」はそれほどタブーではなくなり始めている。直接的な「自立」に関する話題はまだ話しにくいかもしれないが、少なくとも支援機関に親が通っていることやそこに子を誘う程度のことはタブーではなくなっているだろう。だから、状況によっては、「さあ、思い切って行ってみよう」といった強めの誘いでも大丈夫なときがあると思う。そうした言葉かけができるようになるために、親はこれまで地道に支援を受けたり子と辛抱強く接してきたのだ。別の視点から見ると、こうした「最後の一押し」をしても親子関係はそれほど崩れないという自信を得るために、親は地道に動き続ける必要があるとも言える。また、このような微妙な段階になると、これ以上のわかりやすいマニュアルは書きにくい。この場面は特に、ケースバイケースだ。

ステップ6　社会参加――それぞれの「就労」

どこかの支援機関に本人がつながったあとは、大まかに言うと、三つのタイプ別に則《のっと》って支援は進められることになる。

具体的には、「精神障がい」や「発達障がい」であれば、精神障害者保健福祉手帳や療育手帳を取得することを目指す。ただし、本人がひきこもり時に親を支援してきた支援機関が精神障がいや発達障がいの専門機関でない場合――たとえば専門機関ではないが青年問題全般を扱っているＮＰＯ等――、その支援機関は「障がい」のタイプを見極め、適切な専門機関に接続していく使命を担う。けれども現在、ここには三つの意味で困難さが伴っている。

一つめは、本書で示したひきこもりに関する基本的な捉え方を未だ把握していない支援機関に親がつながっている場合。精神障がいに関しては、子の日常生活から、親は否応なく統合失調症や躁鬱《そううつ》病（双極性感情障がい）の疑いを抱かざるをえないので、支援機関のほうもそれなりに発見できると思う。ところが発達障がいの場合は、二次症状としての鬱や強迫症状あるいは家庭内暴力が目立つために、支援機関もそうした二次症状に目を奪われがちだ。特に、成人の発達障がいの場合、問題の歴史が長く、かついろいろな要素が複雑に絡み合っているため、タイプ別の見極めが難しい。

二つめは、たとえ見極めができたとしても、これを親や本人にどう伝えていくかという問題がある。最終的に診断を下すのは医師である。けれども、ひきこもり当事者には、精神科や投薬治療をかたくなに拒否する人も多く存在し、初めての支援機関は医療機関でない場合も多い。あるいは精神科にとりあえず行ってはみたものの、いきなり発達障がいだという診断に近いコメントを医師から聞き、医療不信に陥る親子なども珍しくはない。診断は医師が下すものの、その段階に到達するためにはじっくりと時間をかけてまずは親が障がいを理解し、必要があれば本人も自分の障がいを受け入れていくことが必要だ。この障がいの受容に関しては、親とつながっている支援機関は、慎重になりすぎる程度がちょうどよい。三〇歳になって初めて広汎性発達障がいや軽度知的障がいであると言われる身になってほしい。長い目で見ると、この診断により福祉システムに乗ることができるので(障がい枠の就労や障害年金が可能になる)、当事者たち(本人と親)を救う。また、こう診断されることで、これまでの三〇年間の苦しみ(激しいいじめ体験や度重なる退職体験等)の〝謎〟が解けるのは事実だ。だが、大人になって「実はあなたは〇〇だったんですよ」と唐突に言われることは、その〇〇が何であっても戸惑うものだ。単純に、ラベリングされることで社会のマイノリティに追いやられる恐れという心理構造もあるだろう。ラベリングする社会に対しての開き直りや反抗という余地を与えられないまま、いきなり医師に発達障がいだと言われることはきついことだろう。だからタイプの見極めに関しては、時間をかけて親と話し合っていくことが何よりも大切である。

三つめは、手帳や年金といった福祉システムに乗る必要がない場合あるいは明確な診断が下りない場合、だ。この場合は、消去法的に性格の傾向としてタイプ分けされるのではあるが、障がいの特徴に則った支援は必要になる。精神障がい的タイプであれば、何よりも治療がメインになるので、医療機関に何とか接続し継続してもらうよう働きかける。発達障がい的タイプであれば、本人を親や支援者は理解しつつ、就労の定着を支援していくことになる。

福祉システムに入ったあとは、職業訓練機関に通い、障がい者枠での雇用を目指すことになる。人によっては、障害年金を取得して、生涯を見越したライフプランを立てていく。こうすることで、「自立」に関する二大要素――経済的自立と親からの別居――に関する心配が軽減し、時間はかかるものの、ゆっくりと自立のほうへ歩んでいくことになる。

ただし、福祉システムに乗ったからといって何もかも安心ではない。一定の経済的不安定さは継続するだろうし、支援者とのトラブルもあるだろう。だが、明らかに精神障がいや発達障がいのタイプであるのに福祉システムに乗らず、単にひきこもりだとして「自立」に関する話題を避け続けて年齢を重ねていくよりも、はるかによい。

「性格の傾向」に関しては、ニートという概念が出現して以来、行政での就労支援が広がっている。たとえば地域若者サポートステーションや若者自立塾などがある。そうした行政サービスとＮＰＯ等の民間支援のフォローを通して、まずは非正規雇用（フリーター）を目指す。もちろん、アルバイトを挟《はさ》まずにいきなり狭義のニートから正規雇用（正社員）になる人も存在する。だが多くの場合は、就労実習で自信を抱き、次に短期アルバイトをいくつか体験し、そして長期アルバイトに定着していくというステップを踏むだろう。この具体的展開は、次の「おわりに」でみる。第1章で書いた通り、非正規雇用にはワーキングプア等の深刻な問題が内在化されている。けれども、ひきこもり支援のスモールステップにおいては、フリーターはひとつのゴールであると同時にスタートでもあることを支援者は忘れるべきではない。

また、精神障がいや発達障がいにおいても、民間のフォローがあったほうが支援は円滑に進む。どこかの医療機関や福祉機関をメインに据えるとしても、引き続き民間機関によるサポートを続けていくことで、当事者たちが安心できることもある。この「複数機関による支援」については、本人は一つの支援機関に絞り込み親は複数利用する、あるいはその逆といったように、これまたケースバイケースなのでマニュアル化することは難しい。

いずれにしろ三つのタイプがどうであれ、現実は、スモールステップを一段ずつのぼり続けることは難しい。見取り図でいうと、〈ひきこもり〉と狭義のニートの間、あるいは狭義のニートと次の段階(フリーターや福祉システムでの就労)を行ったり来たりする。成功体験と挫折体験の積み重ねのなかで、徐々に「自立」へと近づいていくというのが現実的だろう。

本当の「待つ」とは

以上、親の動き方も含めたスモールステップをみてきたが、ひきこもり支援における親のあり方は、基本的に「待つ」ことだ。純粋ひきこもり時に自立を迫ることはデメリットばかりだと繰り返し書いた。基本は待つ、だ。けれども、この「待つ」ことについて、正確に捉える必要がある。

なぜなら、ひきこもり支援における「待つ」とは、「放置」ではないからだ。ひきこもり生活が長くなると、ほとんどの当事者は自分から動くことができなくなる。動きたいけれど動けない、ここにも、ひきこもり当事者に独特のあの矛盾した心理状態が背景にある。

親や支援者がよく陥るのは、「子どもの自己決定を信じてひたすら待とう」というものだ。だが現実は子は動けないし、決めることにも慣れていない。だから事実としては、純粋ひきこもりか〈ひきこもり〉の状態が延々と続くことになる。子どもが自主的に動くことは現実的に不可能であるにもかかわらず、ひたすら待っているのは、「待つ」ではなくむしろ「放置」なのではないか。

では、本当の「待つ」とは、親がどういう行動をとることをいうのだろうか。

◇「救世主」はいない

親のなかには、筆者よりも支援機関の情報を知っている方がいる。しかし、よくよく聞いていくと、どの支援機関でも一回か二回程度で通うことをやめている。いわゆる「はずれ」の支援者であれば切っても差し支えないのだが、それほど問題のない支援機関であっても「あそこは～の点で今ひとつ」として行かなくなる。以前筆者はこのような親のあり方が正直言って歯がゆかったのだが、最近は何となくその意味がわかってきた。つまりそんな親たちは、いつかどこかで素晴らしい支援者と出会うはずだから、ひたすらその奇跡的な出会いを信じてあちこち巡っているのではないかということだ。要するに、そのような親たちは「救世主」を探している。しかし、長期化したひきこもりに関して言えば、救世主はいない。

◇複数の機関を利用する

ひきこもり支援はひとつの支援機関だけでは難しい。たとえば、カウンセリングから就労実習まで幅広いサポートシステムを一つの施設で整えていたとしても、長い自立の過程においては、必ず外部の機関と連携していくことになる。現実は、複数の機関が構成するネットワークのなかで、青年はゆっくりと自立への道を歩んでいく。逆に言うと、一つの支援機関だけがサポートしている状態は不安定だ。不運にもその機関との関係が切れればまたひきこもり状態が続くことになるし、精神障がいや発達障がいのタイプであるにもかかわらずその方面からのアプローチが遅れる場合もある。

◇「司令塔」は必要

ただし複数の機関を利用するにしても、その際、いわば「ネットワークの司令塔」的な支援者の存在が必要になってくる。親もまた当事者であり、もちろん支援の専門家ではない。だから、本書で書いてきたようなこと(特に第1章と本章)を自力で発想し行動するのは酷なことでもある。たとえばケースワーカーやＮＰＯの相談員などが、スモールステップのどの状態に当事者がいるのかを把握・指摘し、親の動き方をともに考え伝えていくと、親は安心できる。やみくもにいくつもの施設を複数利用するのではなく、たとえば性格の傾向のタイプであるならば、親は、カウンセラーに日常の愚痴を言い、親の会で新たな気づきを得るといった動き方をする。当事者は、ＮＰＯでコミュニケーションの練習をしつつ行政の就労サービスを受ける。そうした動きの中心に「司令塔」（ケースワーカー／ソーシャルワーカー／ＮＰＯ相談員など）が存在する。親はこの司令塔とともに自分の動き方を検討し、当事者の自立を探っていく。

注意しなければいけないのは、ステップの段階（純粋ひきこもり、〈ひきこもり〉、狭義のニート、フリーターあるいは福祉枠での就労）に応じて「司令塔」は入れ替わるということだ。性格の傾向で言うと、はじめはＮＰＯ相談員が司令塔かもしれないが、状態が狭義のニートになり本人が動けるようになるとニート支援をする行政の相談員が司令塔になるかもしれない。また発達障がいで言うと、はじめはニート支援機関が入り口かもしれないが、やがて発達障がいの専門機関のカウンセラーが司令塔になり、次に障がい者対象の就労支援機関のケースワーカーが司令塔になっていくだろう。このように、当事者の変化に応じて司令塔も入れ替わっていくほうが自立支援は円滑に進む。その際、司令塔間でネットワークの意識が共有されていることと、司令塔のバトンタッチは決して支援を見限ることではないということを、親に説明することが重要となる。

◇出かけることで情報を得る

このような動きのなかで親は支援機関の情報を得、ひきこもり支援のポイントのようなものを講座や本で学ぶ。特に情報は、本人がその気になったときにいつでも出せるようにしておきたい。このとき大切なのは、実際に親が支援機関を見学したり面談を受けて、支援者と出会うということだ。こうして入手した情報は、メディアのみを通して得る情報と比べると、はるかに「生きて」いる。つまり、その支援機関はどういう建物で、そこの支援者はどういう人物なのか(人物の雰囲気・服装・表情・しゃべり方等)を、親が自分で感じて判断する。そこで出てきた言葉は、本やインターネットから入手した情報に比べて、子どもへの伝達濃度が違う。

◇親自身のケア

忘れがちなことではあるが、親が自分自身をケアするという点も重要だ。親はとにかく「子どものため」として、自己犠牲的・献身的に振る舞うことが多い。これは社会からの「親としての規範」圧力を意識した行為とも言えるが、長い目で見るとマイナスである。

親自身のケアには、カウンセリングも含まれるが、単に「遊ぶ」ということも含まれる。夫婦で、あるいは友だちと、人によっては一人のほうが気楽だという方もいるかもしれないが、時には旅行をしたり食事をしたりして自分のケアに投資する。ひきこもり支援におけるスモールステップの積み重ねは、とにかく時間がかかる。一年や二年でとんとんと就職することはあまりない。この過程で挫折や揺り戻しは必ず到来し、長い道のりを通して当事者たちは成長していく。だから最も重要なのは、このような自立への長い道のりを支える親が疲れてしまわないことなのだ。ひきこもり支援とは、本人支援であると同時に親支援であるとも言える。低空飛行でもいいので、親が精神的・身体的に安定していること。そのために親は堂々と自分自身をいたわり、支援者も親に対して「時には遊んでリラックスしてください」とアドバイスする必要がある。

◇継続すること

以上を継続していくこと。ただし、毎週カウンセリングに行き講座を受けてください、ということではない。親にできるペースで、一カ月半に一度でもいいので無理のないペースで続けることが大事だ。よくあるのは、親は、春先になって焦り始めて講演や面談に行くものの、本人がダイナミックに動くことはほとんどないため落胆し、夏頃から子どもに関して何もしなくなるというパターンだ。そして次の春になって焦り始め……となり、同じようにまた停滞する。この反復が長期のひきこもり状態を生み出す要因でもある。子はすぐには動かない、それでも親は継続して動き続ける。こうした視点を持つことが必要だ。

以上を並行して行なうことが「待つ」ことだ。ひきこもり支援における親の「待つ」とは能動的なものであって、言葉から受けるイメージとは反対に案外忙しい行為なのだ。

なお、このようなスモールステップに則っても、それでも子どもは動かない、いや正確にはある段階で停滞する（たとえば〈ひきこもり〉段階でとどまり、狭義のニートに移行できない等）こともあるかもしれない。これに対しては、以上の「親が動くこと」さらに「親が動き続けるために司令塔的支援者と出会い続けること」を提案し続けるのだが、それでも当事者が動かないあるいは留まることから親が無力感を抱いてしまうこともあるだろう。

実は、このことと「ひきこもりの高齢化」はリンクする。ひきこもり状態のまま三〇代後半や四〇代になることと、ひきこもり状態の停滞は一部が重なる。就労は未だできないが、それでも毎日食べていく必要があるという現実はある。そのとき、生活保護など、本書では触れることができなかった福祉サービスを検討していくことが必要になる。また、親自身の老後をいかに過ごすか、そしてそこに当事者をどう絡ませていくかという議論も重要になってくる。

筆者は、二〇〇八年度になったあたりから、そのようなことを考えてはいる（小規模ではあるが同テーマで講座を開く予定でもある）。けれども、本書では残念ながらそこまで提示する余裕と蓄えがなかった。いずれ機会があれば、停滞し続けているひきこもりについて言語化していきたい。

おわりに――ひきこもり支援機関の利用

最後に、実際に支援を受ける場合、どのような支援機関があるのか、大阪を例に簡単にみてみよう。ただ、本書でも再三指摘したように、現実の支援はケースバイケースであり、モデル的な支援機関活用法は提示しにくい。また、ジャンル（青少年支援）の新しさのため、支援機関の取り組みの中身は機関によって差があることも事実だ。そのようなわけで、以下の流れはあくまで一般論的なものであることをご理解いただきたい。

ひきこもりへの支援

ひきこもりの場合、支援の主な対象は親になる。自治体のいちばん身近な支援機関としては、やはり各保健所があるだろう。サービスとしては、保健師や精神保健福祉士（ＰＳＷ）による面談や、家族会運営などがある。ただし先述したように、保健所によって若干サービスの違いがあるようだ。きちんと調査したわけではないが、大阪の保健所は個人的な実感では、割合ひきこもり支援に力を入れている印象がある。

ほかに、こころの健康総合センター（府）・こころの健康センター（市）・子ども家庭センター（府）・中央児童相談所（市）などで、ひきこもり支援は受けられる。いずれも、まずはＰＳＷなどが親と面談する。保健所も含めたこの段階で、できればひきこもりの三つのタイプを見極めたい。

精神障がいの場合、投薬治療は万能ではないにしろ、早めの治療開始がよいと言われる。そのためにも、親が早めに気づくことが重要だ。症状が悪化している場合は本人も困っていることが多いので、受診は可能だろう(入院が初受診になるケースもあるだろうが)。

発達障がいの場合、ていねいな説明を親に行なう。そのあと、あっさりと本人がやって来ることもある。ただ、成人後の発達障がいの検査・診断にショックを受ける親・当事者もいるので、配慮の行き届いた面談であってほしい(逆に、診断によって、それまでの生きづらさの意味がわかり、一気に楽になることもある)。支援機関によっては、本人や親対象の当事者グループへの参加が促されるところもある。発達障がいの場合、親の障がいへの理解と本人の障がいの受容がポイントとなる。よって、親は勉強会に参加することも必要だ。本人にはきめ細かい支援プログラムが提供される必要がある(この支援のレベルは、機関によってさまざまだ)。

性格の傾向の場合、本人の受診や面談は難しいことが多い。よって親への支援が中心になり、面談のほかに、家族会・勉強会・セミナー・講演会などの参加を勧める。いずれにしろ、第3章で書いたような息の長い活動が親には求められる。

NPO等の民間機関から支援を受け始めるとき、親は注意しておくことがいくつかある。それは、料金をオープンにしているか、ネットワークの意識があるか、加えて発達障がいの知識をその施設が持っているか、だろう。

NPOによっては、すべての料金をオープンにしていないところがある。親が面談に行って初めて、たとえば「訪問料金は三カ月パックで二〇万円」などと提示される。料金の高い安いを問題にしているのではない。それを選ぶのは親だからだ。問題は、あらかじめ情報がすべて開示されているかどうかだ。その施設を利用するのが経済的に無理であれば、わざわざそこに出かけなくても、その施設のホームページを事前に自宅でチェックしているときに判断できる。

ネットワークについては、ひきこもり支援は複数の機関を利用するのが望ましい。しかしNPOによっては、「自分の施設だけで囲い込んでしまう」ところも未だにある。それでは、社会参加のスピードが遅くなるし、その施設の利用が何らかの事情で止まったとき、またはじめから探さなければいけないというリスクを抱えることになるので、注意が必要だ。

狭義のニートやフリーターに対する支援

狭義のニートやフリーターの支援と言っても、三つのタイプ別で異なってくる。

精神障がいや発達障がいの場合、福祉サービスの枠内での社会参加(手帳取得後の就労支援)を受ける人もいれば、一般枠内での若年者就労支援を受ける人もいる。障がい者枠での就労を目指すことになると、精神障がいや発達障がいの専門機関へと移行していく。また、就労ではなく、生活の維持が主な目的で福祉機関を利用する人もいる。

ここでは歴史の新しい発達障がいのサポート機関について少し触れよう。都道府県が指定した発達障害者支援センターという施設が配置されており、大阪には、アクトおおさか(府)やエルムおおさか(市)がある。これらは、親・当事者の相談や研修事業などを行なっている。これらの機関で面談を終えた後、大阪障害者職業センターや職業リハビリテーションセンター(市)などの職業訓練機関へと接続され、実際の訓練が始まる。地域の障がい者就業・生活支援センターでの就労や生活の支援を、前記のサービスと前後したり並行して受ける人もいる。

性格の傾向タイプや、障がい者枠で就労を目指さない場合には、地域若者サポートステーションで就労支援サービスを受けることができる。大阪には二〇〇八年七月時点で四箇所ある(府の運営が一箇所、NPOの運営が二箇所、市主宰NPO運営が一箇所と形態はさまざま)。そのなかでも、最も初期から稼働している大阪府若者サポートステーションでは、インテーク(受け付け面談)を受けたあと、カウンセラーの判断と当事者の様子によって、就労に関する面談(キャリアカウンセリング)と心理的なカウンセリングに分かれる。同サポートステーションには、種々のスキルを学ぶセミナーやコミュニケーションを学ぶ当事者グループなどもあり、カウンセリングを並行利用しながら、徐々に当事者たちは就労に動いていく。

大阪府では、二〇〇五年度から〇七年度まで三年間、ニートサポート事業を実施した。同事業には、カウンセリング事業のほかに、アウトリーチ事業、就労訓練事業、トライアル訓練事業がある。アウトリーチ事業は各地で親・当事者対象のミニ説明会を開き、面談の後ニートサポートクラブ(カウンセリングを行なうところ)に誘導した。就労訓練事業は、各事業所で就労実習や店舗手伝いなどを行なった。アウトリーチ事業はNPOが、就労訓練事業は財団法人Aワーク創造館(通称)が委託を受けて実施した。また大阪市では、地域若者サポートステーションのほかに、市立中央青年センターにおいて「社会参加バックアップ事業」を実施(NPOによる)し、情報提供・講座開催・当事者や親の交流会等が行なわれている。

地域若者サポートステーションの次の段階としてジョブカフェがある。二〇〇八年度時点で、大阪には、大阪市・堺市・吹田市の三箇所にある。ここでは（特に大阪市にあるジョブカフェにおいて）、サポートステーションでのそれよりは就労に近い内容のセミナーや講習（たとえば履歴書の書き方や就職面接の練習等）を受けることができる。狭義のニートというよりは、フリーターや短期アルバイト対象の施設といっていいだろう。

ほかに、若者たちが実家を離れ寮に住み込みながら就労トレーニングをする「宿泊型」サービスがある。これは若者自立塾といい、大阪には二箇所ある。期間は三カ月、内容は、各種作業の体験が中心で、塾によってはコミュニケーションの練習をする講座も開かれているようだ。料金は塾によって異なるので、事前にホームページで調べることが望ましい。当然だが、事前見学も必須である。専門家からは三カ月では短いという意見も出ているが、同塾体験者で就労につながったケースは珍しくないということだ。

以上、駆け足で主な支援機関を記したが、これはあくまで大阪（の一部のサービス）を例に挙げたものであり、支援機関の数なども地域によって異なるはずだから注意していただきたい。おそらく大阪はまだ支援機関の数が多いほうだろう。また、行政機関の支援者の意識も高いように思える。地域によっては、支援機関の数も少なく、ひきこもりに理解のある支援者の数が少ないというところもまだまだあるだろう。

しかし、結局のところ、支援とは「人と人とのつながり」ということに行き着く。親あるいは当事者たちにとって時間がかかるかもしれないが、相性の合う支援者、粘り強く寄り添ってくれる支援者と出会えることを祈る。そのためにも、親は動き続ける必要がある。

田中 俊英
1964年生まれ．編集者，不登校の子どもたちへのボランティア活動を経て，1996年に不登校やひきこもりの青少年への訪問活動を中心とした個人事務所「ドーナツトーク社」を設立．2000年から，不登校・ひきこもりの支援団体である「淡路プラッツ」でスタッフとして働く．2002年，淡路プラッツがNPO法人となったことを機に代表に就任．2003年，大阪大学大学院文学研究科博士前期課程(臨床哲学)を修了．共著に『「待つ」をやめるとき——「社会的ひきこもり」への視線』(さいろ社，2005年)，『分岐点に立つひきこもり』(ドーナツトーク社，2005年)．主な論文に「青少年支援のベースステーション——「自己／他者」「決定」「責任」をキーワードに」(川田都樹子編『「いま」を読む——消費至上主義の帰趨』人文書院，2007年)．

「ひきこもり」から家族を考える　岩波ブックレット739

2008年9月4日　第1刷発行

著　者　田中俊英《たなかとしひで》

発行者　山口昭男

発行所　株式会社 岩波書店
〒101-8002 東京都千代田区一ツ橋2-5-5
電話案内 03-5210-4000　販売部 03-5210-4111
ブックレット編集部 03-5210-4069
http://www.iwanami.co.jp/hensyu/booklet/

印刷・製本　法令印刷　　装丁　副田高行

ISBN 978-4-00-009439-9　　Printed in Japan